인도에 피는
이야기꽃

인도에 피는
이야기꽃

지은이 | 주성학
펴낸이 | 원성삼
표지 및 본문 디자인 | 한영애
표지 및 본문 일러스트 | 오성제
펴낸곳 | 예영커뮤니케이션
초판 1쇄 발행 | 2020년 12월 31일
등록일 | 1992년 3월 1일 제2-1349호
주소 | 04018 서울시 마포구 동교로 55 2층(망원동, 남양빌딩)
전화 | (02)766-8931
팩스 | (02)766-8934
이메일 | jeyoung@chol.com
ISBN 979-11-89887-35-3 (03230)

값 12,000원

이 도서의 국립중앙도서관 출판예정도서목록(CIP)은 서지정보유통지원시스템 홈페이지
(http://seoji.nl.go.kr)와 국가자료종합목록 구축시스템(http://kolis-net.nl.go.kr)
에서 이용하실 수 있습니다.(CIP제어번호: CIP2020053212)

 모든 인간은 하나님의 형상을 닮은 존귀한 존재입니다. 사람은 인종, 민족, 피부색, 문화,
언어에 관계없이 모두 다 존귀합니다. 예영커뮤니케이션은 이러한 정신에 근거해 모든 인
간이 존귀한 삶을 사는 데 필요한 지식과 문화를 예수 그리스도의 사랑으로 보급함으로써 우리가 속
한 사회에 기여하고자 합니다.

인도에 피는

이야기 꽃

주성학 지음

Blossoming Flowers in India

예영

서정운
_ 전 장로회신학대학교 총장

진정한 역사는 전기라는 말이 있다.
이 책은 17년 동안 인도에서 선교사로 살면서
저자가 듣고 읽고 알게 된
인도의 신실한 그리스도인들에 대한 실화다.
그런 뜻에서 이 책은
개인들의 이야기일 뿐 아니라 인도 교회의 역사이기도 하다.
심금을 울리는 대목들이 많은데 그중의 하나는 이렇다.

진정으로 가치 있는 삶은
대리석에 새기는 것이 아니라
사람들의 가슴에 흔적으로 남는다.

그 이름들이 하늘에 기록되는 것이다.

우리도 이렇게 착하고 충성된

그리스도인들로 기억되고 이야기되고 하늘에 기록되는 데

귀중한 도움이 되는 좋은 책이다.

많은 사람에게 읽히기를 충심으로 바란다.

프라딥 바기스 필립
_ 인도 타밀나두 경찰청장

인도에서 수년 동안 주님을 섬겼던 주 목사님이
인도 기독교인들과 그들의 신앙 간증에 관한 책을 저술한 것을
기쁘게 생각한다.
그의 연구는 인도의 여러 지역에서 온,
한 세기가 넘는 신앙의 거인들을 다루고 있다.
이 책은 인도의 선구적인 많은 지도자가 행한 변화의 일을
한국인이 이해하는 데 도움이 될 것이다.
주 목사님은 예리한 관찰력과 깊은 연구로
인도 선교 사역의 도전들을 강조하고 있다.
이 땅에서 하나님 나라를 증진하는 데 대한
그의 헌신과 열심에 찬사를 보내는 바이다.

Dr Prateep V Philip
IPS Director General of Police TN India

I am delighted that Joo Mokshanim (Rev. Dr. Joo)
who spent many years serving the Lord in India
has penned a book
on Indian Christians and their testimony of faith.
His study covers several giants of faith
from different parts of India and covering over a century.
It is a work that will help Koreans understand
the work of transformation undertaken
by many visionary leaders in India.
Pastor Joo with his keen sense of observation
and deep study highlights
the challenges of mission work in India.
I compliment his dedication and zeal
in advancing the kingdom of God on earth.

Blossoming Flowers in India

서문

인간은 끊임없이 이야기를 만들어 내고,
이야기와 이야기가 엮이고 섞이면서 삶이 되고 역사가 된다.
이야기를 통해 과거와 현재가 연결되고
시공간을 초월해 꿈꾸고 상상하거나
이야기 속 주인공의 삶을 우리 안에 내면화시키기도 한다.

지난 17년간 나그네로, 선교사로 인도의 길을 걸으면서
현지 그리스도인들이 치열하게 만들어 낸
믿음의 이야기를 듣거나 그들이 남긴 흔적들을 보았다.
불가촉천민 마을의 허름한 처마 밑에도,
벵골만의 인적이 드문 어촌 마을에도
고난과 박해 속에서 눈물 흘리며 하나님의 은총을 구한
사람들의 신앙과 삶의 이야기가 고여 있었다.
그들은 핍박과 박해를 받아도 예수를 위해 선택하고,

넘어져도 다시 일어날 용기와 힘을 구하면서
한걸음씩 믿음의 길을 간 사람들이다.
잘 알려진 영웅적 삶을 산 사람들이 아니라
일상 속에서 하나님과 동행한 보통 사람들이다.

그들은 불리한 환경과 풀리지 않는 문제 앞에서
쉽게 주눅드는 우리와 비슷한 성정을 가진 사람들이지만
불가촉천민이라는 사회적 차별이나 가난,
또는 종교적 카르마Karma와 윤회輪廻의 사슬에 붙들리지 않고
성령 안에서 꿈꾸며 자유자로 선택하면서
그들의 이야기를 만들어 냈다.

하나님의 성령이 보통 사람들과 동행한 이들의 이야기는
지금도 진행형이고, 아직도 인도의 골목과 산골짜기,

도시와 바다의 경계에서 계속 이어지고 있다.

인생의 치열함 속에서 눈물 흘리고, 고난 속에서 선택하고
그리고 핍박과 차별 속에서 소망의 삶을 살아 낸
사람들의 이야기는
가장 낮은 자리에서 하나님과 동행한 흔적이고
하나님이 응답한 역사이기에
소중한 사람에게 들려주는 마음으로 기록했다.

인도의 길 위에서 만난 많은 길동무에게 고맙고,
나를 위해 기도해 준 기도의 동역자들,
신앙과 인생에 대해 가르침을 준 음동성 목사님,
인도인의 삶을 그림으로 옮겨 준 오성제 집사,
내 사역의 터전이었던

코너스톤 목회자 아카데미Cornerstone Pastoral Academy와
첸나이한인장로교회 그리고 나와 함께
예수를 바라보고 예수를 위해 선택하고
믿음의 길을 동행하는 제주 조수교회 공동체에게
감사의 마음을 전한다.

무엇보다 넘어지고 일어서고를 반복하는 내 곁에서
특심으로 기도하고 헌신하면서 동행한
사랑하는 아내 양상미에게
고마움과 사랑의 마음을 첫 페이지에 남긴다.
사랑하는 딸 다은이가
앞으로 살아가게 될 날과
선택이 누군가에게 희망으로, 격려로
그리고 하나님과 함께한 흔적으로 남기를 기도한다.

1장
······

길을 찾는
사람들

은총의 베 짜기: 우연과 섭리
_ 사두

인도의 작은 마을에
사두Sadhu*라 불리는 사내가 살았다.
그는 윤회의 사슬을 끊고 영혼의 평화를 얻기 위해
처절할 정도로 금욕수행禁慾修行을 했으나
마음에 안식을 찾지 못했다.
갠지스Ganges강에 가면
'샨티'Shanti라 불리는 '안식'을 찾을 수 있다는
이야기를 전해 듣고 먼 길을 떠나기로 했다.

....

＊ 사두(Sadhu): 힌두교 수도자.

갠지스강은 '신성한 강'이요,
'생명의 어머니'라 불리며
인도인들이 죽기 전에
꼭 순례하고 싶어 하는 곳이다.

사두는 먼 길을 걸어 바라나시 Varanasi에 도착했다.
갠지스강 근처에 움막을 짓고,
그곳에 머물며 명상으로 시간을 보내거나
전생의 업보를 씻어내려는 바람으로
갠지스강에 몸을 담갔다.
영혼의 안식을 얻을 수 있다는 믿음으로
기억나지 않는 전생과 두려움에 사로잡힌 현재
그리고 예측할 수 없는 미래를
갠지스강에 밀어 넣었지만
평화는 찾을 수 없었다.
그가 강물 속으로 깊이 들어갈수록
절망은 더 깊어졌고,
영혼의 안식에 대한 갈망은 더 커져 갔다.

어느 날인가 갠지스강 근처를 지나가는데
외국인 한 명이

낯선 문자로 쓰인 쪽지를 전해 주길래
받아 와 움막 구석에 올려 두었다.

며칠 후, 사두가 밖에 나간 사이에
집에 불이 나고 말았다.
값나가는 것은 없었지만
상실감은 컸다.
그런데 낯선 문자가 쓰인 종이는
불에 타지 않고 구석에 그대로 있었다.
기이한 생각이 든 사두는
종이쪽지의 내용을 해석할 만한 사람을 찾아가
뜻을 물었다.

"수고하고 무거운 짐 진 자들아 다 내게로 오라
내가 너희를 쉬게 하리라(마태복음 11:28)!"

그가 찾던 평화와 안식에 관한 내용이었다.
얼마나 기쁘고 가슴이 뛰던지
단숨에 쪽지를 건네준 외국인을 찾아가
자신이 찾고 있는 평화와
안식을 얻는 방법에 대해 물었다.

외국인 선교사는
예수의 삶과 십자가 죽음, 부활
그리고 죄 사함의 은총에 대해 들려주었는데
사두의 영혼에 깊은 감동이 밀려왔다.
평생을 찾았던 안식과 평화가
예수 안에 있다는 것을 확신한 그는
예수를 따르기로 뜻을 정했다.
고향으로 돌아간 사두는
아내에게 그가 발견한 진리를 소개하고
함께 예수를 따르자고 했다.
하지만 아내는 힌두 신을 포기할 수 없다며
만약 예수를 선택한다면
결혼 관계를 끝내자고 요구했다.

고향을 떠난 사두는
어린 아들과 함께 선교사를 찾아와
성경을 배우면서 새로운 영적 여행을 시작했다.
금욕과 고행을 통해서가 아니라
예수의 사랑을 믿고 받아들이는 것으로
그의 영적 방황이 끝나고
평화와 안식이 찾아왔다.

그는 더 이상 사두가 아닌 '그리스도인'이라 불렸다.

그의 아들은
선교사가 운영하는 학교에서 배우고 자라
나중에 인도 연합교회의 장로가 되었다.
사두를 전도한 선교사의 아내는
길거리의 아이들을 돌보고
성경을 가르치는 일을 했다.

어느 날, 발가벗겨진 채 길에 버려진
여자아이 한 명을 발견하고 집으로 데려왔다.
아이를 딸처럼 돌보면서
자신이 운영하는 학교에서 배우도록 했다.
소녀는 지적으로나 영적으로 모든 면에서
아름다운 여성으로 성장해
선교사 부인이 운영하는 학교와
선교 본부의 중요한 사역자가 되었다.

하나님은 사두의 아들과
길에 버려진 소녀를 향한 계획이 있었다.
교회의 장로가 된 사두의 아들과

길에 버려졌지만 선교 본부 책임자가 된 자매는
결혼해 가정을 이루고
사랑스런 딸을 낳게 된다.
힌두와 무슬림에게
'그리스도의 구주되심'에 대해 증거한
메리 사무엘Mary Samuel이 그들의 딸이다.
그리고 메리 사무엘의 아들 존 사무엘John Samuel은
인도 의료선교의 디딤돌을 놓으며
선교 사역의 한 획을 그은 인물이 되었다.

하나님은 영혼의 평화를 찾아 방황했던
힌두교 사두와 그의 아들
그리고 길에 버려진 여자아이의 삶을
'은총의 베 짜기'를 통해 서로 만나게 하시고
씨실과 날실 같은 운명으로 하나님의 계획 속에서
서로의 삶을 완성시켜 가셨다.
우리 삶을 주관하는 하나님의 시간 속에
우연이 있을까?
우연처럼 보이지만
은총의 베 짜기를 통해 필연을 만들어 가는
하나님의 계획이 있을 뿐이다.

샨티

_ 옴 샤르마

오랜 수행을 통해 카르마를 끊고
천상의 평화와 빛을 누린다는 목샤Moksha*는
모든 구도자가 꿈꾸는 최상의 단계다.

옴 샤르마Om Sharma는
힌두교 제사장의 아들로 태어나 말을 배우면서부터
신의 언어라 불리는 산스크리트어를 익혔고,
걸음마를 배우면서

....

* 목샤(Moksha): 수행을 통해 이룰 수 있는 영적 최고의 단계. 인도인들은 목샤에 이르게 되면 업
보(카르마)를 끊고 윤회의 사슬에서 벗어난다고 믿는다.

명상과 신을 섬기는 의식을 배웠다.

"우리 브라만_{Brahman}*은 특별한 존재란다.
『리그베다』_{Rigveda}**에 따르면,
우리는 브라흐마_{Brahma} 신의 입에서 나온
신의 자녀들이다.
우리는 신의 언어를 알고,
신의 말씀을 읽고 가르칠 수 있지."

깨달음을 얻게 되면
지상에서는 누릴 수 없는
평화와 기쁨으로 충만하고,
육체의 한계를 벗어나
태어나고 죽는 윤회의 사슬에서 벗어난다는
가르침을 듣고 자랐다.
이 길에 이르기 위해 수년씩,
혹은 수십 년씩 고행하는 수도자들을 보았다.

....

* 브라만(Brahman): 힌두교의 사제 계급. 브라흐마 신의 후손들이라 믿으며 신에 대한 지식과 영적 권위를 가진 유일한 존재라 생각한다.

** 리그베다(Rigveda): 고대 인도의 브라만교 성전인 네 가지 『베다』 가운데 하나로 힌두교 의식과 종교 생활에 관한 최고의 경전으로 여긴다.

샤르마의 아버지는
브라만의 삶과 경전을 가르치면서,
"절대로 그리스도인을 가까이 하면 안 된다."라고
주의를 주었다.

샤르마가 태어나기 전
아버지의 동생, 즉 샤르마의 삼촌은
브라만의 삶을 버리고 기독교로 개종했다고 한다.
브라만 사제가
자신들이 혐오하는 기독교인이 되었으니
삼촌에 관한 이야기는
집안에서는 감추고 싶은 비밀이 되었다.
어린 샤르마에게
기독교는 사람의 영혼을 위협하는
위험한 종교처럼 느껴졌다.

사제가 되기보다는
세상 속에서 직업을 찾기로 한 샤르마는
히말라야 란도르_{Landour} 라는 곳에서
외국인들을 위한 힌디어 교사가 되었다.
그 외국인들은 아버지가 조심하라 일렀던

기독교 선교사들이었다.

"나는 당신들의 종교나 예수에 관해서는
관심이 없습니다."
종교에 관한 것은
서로 이야기하지 않는다는 조건으로
샤르마는 선교사들에게 힌디어를 가르쳤다.
그는 기독교인들의 공간에 머물지 않았고,
그들의 종교 의식에 참석하지 않았다.

어느 날에 외국인 선교사들이
인도 내륙을 여행할 일이 생겨
샤르마도 그들과 동행하게 되었다.
챠프라_{Chapra}라는 지역을 지날 때,
중년의 인도인 설교자가 그들에게 합류했다.

자기소개를 하고
고향에 관한 이야기를 주고받던 중에
인도인 설교자는 샤르마에게 이런 이야기를 했다.
"젊은이, 나도 브라만의 아들로 태어나
힌두교 사제로 살았다네.

내 고향도 자네와 같네."
종교는 달랐지만 같은 고향 출신이라는 말에
샤르마는 반가운 마음으로
"혹시 고향에 친척들이 있나요?" 하고 물었다.
인도인 설교자의 대답을 듣고
샤르마는 큰 충격을 받았다.
샤르마가 태어나기 전에
기독교로 개종하고 집을 나선 삼촌.
집안의 수치라며 온 식구가 입에 올리기도 부끄러워했던
삼촌이 바로 낯선 도시에서 만난
인도인 설교자였다.

샤르마는 삼촌과 동행하며
그의 삶을 유심히 살피기 시작했다.
기독교 설교자가 되었지만,
삼촌에게는 절제와 명상, 기도 생활이 몸에 배어 있었다.
삼촌은 상당히 열악한 환경에 살면서도
늘 유쾌하고 만족스러워 보였다.
사람들로부터 존경과 사랑을 받았고,
평화로운 기운이 충만했다.
샤르마의 아버지가 이야기했던

'샨티'^{Shanti, 평화}가 이런 것일까?

"삼촌, 어디서 이런 평화가 오는지
알려 주시겠습니까?"
"글쎄다. … 너를 설득하는 것은
소용없는 일이라고 생각했는데,
네 인생에서 빛을 찾을 때가 온 것 같구나.
네가 빛과 평안을 원하거든,
네가 직접 하나님께 나아가서 구하도록 해라.
그는 자비로우시니,
너에게 빛과 평화와 소망을 주실 것이다."

삼촌의 이야기를 들으며 의문이 생겼다.
'브라만들이 아직 깨닫지 못한 빛이
존재한단 말인가?'
그러나 삼촌의 삶에 가득한
기쁨과 평화를 지켜보았기에
삼촌의 말대로
그가 믿는 하나님에게 나아가 말을 걸기로 했다.

금식하며 명상하는 오랜 수행 습관이 있었기에

샤르마는 금식하며 하나님을 찾기로 했다.

아무것도 먹지 않고 문을 걸어 잠근 채

하나님을 불렀다.

하나님의 흔적을 찾고

하나님의 응답을 구했다.

그러나 부르짖을수록

깊이를 알 수 없는

절망의 구렁텅이에 빠지는 것 같았다.

빛과 평화는 보이지 않고,

두려움이 가득해졌다.

'이제 그만두자!' 생각하고

방바닥에 드러누웠다.

그런데 알 수 없는 의문이

꼬리에 꼬리를 물기 시작했다.

'어디서 이런 두려움이 왔지?

두려움은 무엇이고,

그 시작은 어디에 있지?'

가련하고 절망적인 자신을 발견한 샤르마는

소리 지르며 울부짖었다.

"오, 하나님! 이 두려움을 거두십시오.
빛을, 당신의 빛을 제게 주십시오.
저는 빛이 필요합니다."

그때 샤르마를 둘러싼 거룩하고 평안한 빛이
충만해지기 시작했다.
이 빛은 한낮의 태양빛보다 찬란했고,
무엇을 태우는 것보다 더 강렬했다.
영광스럽고 찬란한 빛이었다.
빛을 느끼면서 샤르마는 외쳤다.

"예수여, 오 예수여! 당신은 빛입니다.
당신은 내 영혼의 빛입니다."

그날 샤르마에게 임한
강렬하고도 영광스러운 빛은
샤르마 안에 숨겨져 있던 두려움과
의심, 마음의 번뇌,
카르마와 윤회의 두려움을 불태우고
예수에 대한 사랑의 불을 지폈다.

시바신의 은총을 구하기 위해
힌두교 만트라를 외우던 입에서
하나님과 그의 아들 예수가 이루신
놀라운 일들을 찬미하는
고백이 쉴 새 없이 터져 나왔다.

샤르마는 자신의 이름을 '바울'이라 개명했다.
신의 안식으로 충만하다는 뜻의 '옴 샤르마'에서
'작은 자'라는 뜻을 가진 바울로 개명한 샤르마는
히말라야 곳곳을 다니며
영혼의 빛인 예수에 대해서
그리고 예수 안에서 누리는
안식과 생명의 기쁨에 대해 외치는 자가 되었다.

샤르마가 발견한 빛은
브라만이나 불가촉천민이나
누구에게도 독점되지 않는 진리의 빛이며,
사회적 배경과 출신에 따라
차별하지 않고 모든 사람에게
평화와 안식을 가져다주는
예수의 빛이었다.

길

_ 아르무감

누군가의 지나간 흔적이 모이고 모여 길이 된다.
그래서 처음 길을 내는 사람에게는
도전과 어려움이 일상이다.

18세기, 인도아대륙印度亞大陸에는
차와 향신료를 노리는 무역상과
식민지 확장을 꿈꾸는 제국의 관료들
그리고 유럽의 수많은 종교인이 드나들었다.
그러나 인도인들에게 복음이 증거되고
인도인 성직자가 세워진 것은 한참 후의 일이다.

인도의 남쪽 끝 꾸달로르_{Cuddalore}에서
태어나고 자란 아르무감_{Armugam}은
전통 종교를 넘어서는
영적 진리와 구원에 대한 갈증이 깊었다.
불가촉천민으로 태어나
공식적인 교육을 받지 못했지만
그는 셈하는 법과 글을 익혔고,
상당한 수준에 이르렀다.
시바신을 섬기는 집안의 전통에 따라
어려서부터 힌두 의식에 익숙했지만
그의 영혼은
늘 어둔 밤을 헤매고 다니는 듯했다.
길이 필요하고, 안내자가 필요했다.

어느 날, 아르무감은
자신의 집 맞은편에 '자선학교'라는
작은 공부방이 들어서는 것을 보았다.
"이곳에서는 진리를 가르칩니까?"
아르무감의 질문에
공부방 책임자는 이렇게 말했다.
"진리에 대해 배울 것이라면

트랑코바르_{Tranquebar}에 계신
지겐발크_{Ziegenbalg} 목사님을 찾아가 보시오."
그러고는 트랑코바르선교회_{Tranquebar Mission}를 소개해 주었다.

아르무감은 자신의 영적 번민을
어쩌면 끝낼 수 있다는 희망을 가지고
나가빠띠남_{Nagapattinam}에 찾아갔다.
진리에 대한 그의 영적 갈급함을 눈여겨 본
지겐발크 목사는 아르무감을
타밀어 성경 번역을 위한 조수로 채용하고
현지인 공부방에서 교사로 일하도록 했다.

아르무감에게 십자가 복음은 충격적이었다.
인간 역사와 무관하게
하늘에 초월적 존재로 있을 것 같은 하나님이
인간의 몸으로 찾아 왔다는 것과
그 하나님의 아들이
죄인들을 위해 죽었다는 이야기는
그의 영적 세계를 흔들어 놓았고
자신의 삶을 예수를 위해 헌신하도록 했다.

그의 결심은 확고했다.
20세가 되던 1718년에
지겐발크 선교사에게 세례를 받았다.
아르무감의 개종 소식을 들은 아버지는
시바 종교로 다시 돌아올 것을 강요했으나
그는 자신이 선택한 길에서
돌아서지 않기로 했다.

세례 후에 이름을 '아론'_{Aaron}으로 개명하고
자신이 발견한 '길'에 대해 전하기 위해
인도양 끝 마을에서부터
내륙에 있는 산간 마을을 다니며
복음을 전하기 시작했다.
아르무감이 전하는 복음은 힘이 있었고
그리스도인으로 선택하고 살아가는
그의 삶은 많은 이에게 감동을 주었다.

산지 부족들은 오두막집을 지어
예배 처소로 제공했고,
힌두교 사제와 그들의 가족이
개종하는 일이 종종 일어났다.

아론은 늘 길 위의 여행자였다.

인도인 최초로 안수를 받은 개신교 목사로

길 위를 떠돌았고,

그는 길 위에서 하나님의 부름을 받았다.

그리고 그가 지나간 흔적 위로

수많은 사람이

예수와 함께하는 여행을 시작하게 되었다.

잠깐의 반짝임도 빛이다
_ 나라사빠

나라사빠_{Narasappa}가 태어나고 자란
불가촉천민 마을에서는 싸우고, 훔치고, 죽이고,
음란한 사건이 일상으로 일어났다.
더 나은 삶이 있을 것 같은
기대를 가진 적이 있었지만,
끔찍한 현실을 보면
누구도 그들을 구원할 수 있을 것 같지 않았다.

어느 날, 읍내에 나갔다 돌아온 삼촌을 통해
'예수의 길'을 전하는

도라가루Doragaru에 관한 이야기를 들었다.
나라사빠는 도라가루를 찾아가면
꼬일 대로 꼬인 자신의 운명의 실타래를
풀 수 있을 것 같았다.
힌두뿌르Hindupur라는 도시를 찾아간 나라사빠는
길 한쪽에서 텔루구Telugu 언어로 소리 지르는
외국인을 만났다.

"예수는 사랑하셨습니다.
예수는 죽으셨습니다.
그리고 예수는 여러분을 초대합니다.
오십시오. 누구든지 원하시면 …
생명의 물을 아무 대가없이 마실 수 있습니다."

불가촉천민에게는
마을의 공동 우물을 마실 권리도 없고,
마을의 큰길을 지나다닐 수가 없는데,
예수의 복음은
천민이나 평민의 차별 없이 모두를 위한
좋은 소식이라는 이야기에
나라사빠는 넋을 잃고

도라가루의 말에 귀를 기울였다.

나라사빠는 그에게 말했다.
"나를 데려가 주세요.
당신이 이야기한 예수의 길을
좀 더 배우고 싶습니다."
나라사빠는 선교사를 따라갔다.
그리고 그가 운영하는 학교에서
읽고 쓰는 법을 익히고,
텔루구어로 성경을 배우기 시작했다.
그제야 눈이 밝아지는 느낌이었다.
예수의 빛이 자기 영혼의 어두움을 몰아내고
평화와 기쁨으로 채우니
노래하지 않을 수가 없었다.
나라사빠는 선교사에게 세례를 요청하고
그의 이름을 '바나바'로 개명했다.

상급 학교에 진학해
배우는 즐거움과 변화된 삶에서 오는 기쁨이 컸지만,
고향에 계신 부모님, 일가친척,
마을 사람들의 비열하고 천박한 문화, 가난함,

벌거벗음, 도덕적 타락, 폭력 속에서 사는 것을
운명처럼 알고 살아가는 것을 생각하면
견딜 수가 없었다.
사랑하는 사람들의 영적 굶주림에 대해
아픔을 느낀 나라사빠는
고향으로 돌아가기로 했다.
그리고 과거에 도라가루가 했던 것처럼
사람들을 모아 놓고
예수 이야기를 들려주기 시작했다.
높고 낮음도 없고,
전생의 업보와 환생의 두려움도 없는,
모든 사람에게 좋은 소식인
예수의 복음을 전했다.

그러나 사람들의 반응은 적대적이었다.
"이런 일이 있어서는 안 되지!
… 이 설교자는 죽어야 돼!
반드시 죽어야 해! …
왜 당신은 우리가 살던 방식을 훼방하고 있는 거야?
우리는 우리의 죄를 씻는 물도 필요 없고,
설사 그런 일이 가능하다 하더라도

우리 같은 불가촉천민들이
무슨 수로 그런 물을 마실 수 있다는 것이지?"
수많은 협박과 회유가 있었지만
바나바의 전도여행은 중단되지 않았다.

어느 날인가 길거리 전도를 마치고
집에 돌아온 그는
집 앞에 놓인 음식을 발견했다.
형편없는 음식이었지만
마을 사람들의 호의라 생각하고 먹었다.
그러나 음식에는 독이 들어 있었다.
바나바는 며칠을 혼수상태로 누워
죽음과 싸워야 했고,
그를 향한 마을 사람들의 적대감에
깊이를 알 수 없는
절망의 구렁텅이로 빠져드는 것 같았다.

며칠이 지나 겨우 의식을 차린 바나바는
마을을 빠져나와
친구의 집을 찾아가 도움을 구했다.
시간이 지나면서 기력이 회복되자

바나바는 다시 그가 떠나왔던 마을,
자신을 독살하려 한 사람들을 찾아가
외치기 시작했다.

"예수 안에 소망이 있습니다.
평화의 왕이요, 세상의 빛이신
예수 그리스도 안에 생명이 있습니다.
내 안에 그리스도가 있습니다."

죄에 대해서, 용서에 대해서,
구원과 소망에 관한
그의 외침은 힘이 있었다.
미신과 주술을 맹목적으로 따랐던
사람들이 회개하고
그리스도에게로 돌아오기 시작했다.
그에게 적대적이었던 사람들이
예수의 사랑에 사로잡혔다.
독을 탄 사람들이 눈물로 회개하며
변화된 삶을 살기 시작했다.
뿐만 아니라 복음이 능력 있게 퍼져 나가며,
개인과 마을 공동체를 변화시켰다.

하나님을 찬미하는 사람의 숫자가 늘어갈 때쯤
바나바가 쓰러졌다.
이번에는 독살이 아니라 폐결핵이었다.
삶과 죽음의 문턱을 넘어서면서
바나바는 하나님 나라의 영광과
그리스도 안에 있는 풍성함을 보았다.
그리고 이 땅에서
자신의 시간이 얼마 남지 않았음을 직감했다.

바나바는 유한한 시간에 갇혀 있지만
영원을 바라보았고,
그의 병든 육체는
하나님 나라의 영광을 바라볼 때마다
희열과 환희에 사로잡혔다.
바나바는 산 제물처럼
자신을 드리는 기도를 드리고,
자신의 영혼을 그리스도에게 의탁했다.

어느 날, 습관을 따라 의자에 앉아 기도하다가
그는 깨어나지 않았다.

바나바는 그의 이름과 사역을 널리 알리지 못했고,

그의 헌신은 수십 년간 지속되지 않았다.

그러나 인생의 가장 소중하고 아름다운 순간을

예수를 위해 드렸다.

죄에서 돌이키지 않은 사람들을 위해 오래 울었고,

하나님의 진노 아래 있는 사람들을 위해

그는 자신의 삶을 전제奠祭처럼 부어 드렸다.

고난 받는 종의 노래
_ 람 찬드라 바부

이른 새벽 칼리_{Kali} 사원에 들어서던
신전 사제 람_{Ram}은 역한 피 냄새에
눈살을 찌푸렸다.
지금까지 셀 수 없을 정도로 많은
양과 염소의 목을 잘라 희생 제사를 지냈지만
사원의 피 냄새에는
쉽게 익숙해지지 않았다.
해골을 목에 걸고
피에 굶주린 듯한 인상을 한
칼리 여신상을 볼 때마다

섬뜩한 느낌이 들었다.

영혼의 안식을 찾는 순례자들과
칼리 여신의 도움으로
문제를 해결하고 싶어 하는 사람들이
희생 제물을 끌고 사원 안으로 들어올 때,
피 냄새에 겁을 먹은 어린 양은
람 앞에서 뒷걸음을 쳤다.

람은 희생 제물의 목을 야트막한 틀에 끼우고
무쇠 칼을 들어 단숨에 내리쳤다.
염소의 목에서 후끈한 피가 솟고
제물을 드리는 사람들은 두 손 모아
만트라Mantra*를 외우며
람 앞으로 나왔다.
람은 염소의 피를 받아
신도의 이마에 표식을 해 주었다.
신도들은 칼리 여신에게 희생 제물을 바쳤다는 데서
일말의 안도감을 느끼고

....

※ 만트라(Mantra): 만트람(Mantram) 또는 진언(眞言: 참된 말, 진실한 말, 진리의 말)이며, "영적 또는 물리적 변형을 일으킬" 수 있다고 여겨지고 있는 발음, 음절, 낱말 또는 구절이다.

자신들이 원하는
무엇을 얻을 수 있을 것이라는
기대를 하고 신전 문을 빠져 나갔다.

람은 누군가의 영혼을 위해
매일 희생 제물의 목을 자르지만,
정작 피칠갑을 한 그의 얼굴에서는
평화와 안식의 흔적을 찾을 수 없었다.

죽어 나가는 희생 제물을 보면서
'언제쯤 이 피의 제사를 멈출 수 있을까?
얼마나 더 많은 짐승의 목을 잘라 바쳐야
피에 굶주린 여신의 목을 축일 수 있을까?'
생각했다.
람의 영적 번민은 깊어갔다.
순례자들은 람이 외우는 만트라를 좋아하고,
경전에 대한 그의 지식을 추켜세웠지만,
희생 제물의 목을 치고,
시뻘건 피가 몸에 튈 때마다
람은 가시로 몸을 찌르는 것 같은 고통을 느꼈다.

그러던 어느 날에 람은
이사야서 53장이 인쇄된 전단지를 읽게 되었다.

"그는 실로 우리가 받아야 할 고통을 대신 받고,
우리가 겪어야 할 슬픔을 대신 겪었다.
그러나 우리는
그가 징벌을 받아서 하나님에게 맞으며,
고난을 받는다고 생각하였다.
그러나 그가 찔린 것은 우리의 허물 때문이고,
그가 상처를 받은 것은 우리의 악함 때문이다.
그가 징계를 받음으로써 우리가 평화를 누리고,
그가 매를 맞음으로써 우리의 병이 나았다.
우리는 모두 양처럼 길을 잃고,
각기 제 갈 길로 흩어졌으나,
주님께서 우리 모두의 죄악을 그에게 지우셨다.
그는 굴욕을 당하고 고문을 당하였으나,
아무 말도 하지 않았다.
마치 도살장으로 끌려가는 어린 양처럼,
마치 털 깎는 사람 앞에서 잠잠한 암양처럼,
끌려가기만 할 뿐,
아무 말도 하지 않았다(새번역 성경)."

그 이후로 무쇠 칼을 치켜든 람 앞에서
바들바들 떠는 어린 양과
십자가에 달린 예수가 겹쳐 보이는 것 같았다.
람은 더 이상 희생 제물의 목을 내려칠 수 없었다.
사원의 성소 안에서 태우는 향냄새와
피 냄새가 람의 영혼에 엉겨 붙어
끝이 없는 구렁텅이 속으로 밀어 넣는 것 같았다.
영혼의 고통에서 벗어나고 싶은 간절함과
존경받는 사제로서 누리는
종교적 위치에서 갈등하다가
결국 인간을 위한 영원한 희생 제물이 된
예수를 찾기로 했다.

사원의 사제직을 그만둔다고 했을 때,
가족과 사원의 사제들은
놀람과 분노를 나타냈다.
람은 자신의 남은 삶을 그리스도를 위해 드리고,
굶주림과 고난을 친구로 받아들이기로
뜻을 세웠다.

묻고 물어 서부 벵골West Bengal에 살고 있는

선교사를 찾아가
영혼의 안식을 위한 세례를 청했다.
선교사는 람의 손에
성경책 한 권 쥐여 주는 것으로
교리 공부를 대신하고 세례를 베풀었다.

본격적인 무더위가 시작되기 전인 3월 어느 날.
칼리 사원의 촉망받던 사제였던
람 찬드라 바부는 세례를 받고
그리스도와 함께 새로운 삶을 시작했다.
그동안 영혼의 안식을 찾고,
근원을 알 수 없는
죄의 무게를 떨쳐 내기 위해
수없이 많은 희생 제물의 목을 잘라 바쳤지만,
카르마의 무게와 다가올 윤회에 대한 두려움을
떨쳐낼 수가 없었다.
그러나 골고다 위에서
십자가에 매달려 죽은 예수.
죄 사함을 얻게 하며
온전한 자유와 기쁨을 준다는
보혈의 능력을 의지하며

자신의 절망과 두려움을
예수 앞에 내려놓았다.
그제야 평화와 기쁨이
야무나Yamuna 강의 세찬 물길처럼
그의 영혼에 흐르기 시작했다.

기쁨과 평화는 거침이 없었다.
하나님의 선하심과 은총의 부요함이
십자가의 예수를 바라볼 때,
람의 영혼에 물밀듯이 밀려왔다.
람의 입에서는
죄 사함에서 오는 기쁨의 노래가
쉴 새 없이 터져 나왔다.
그리고 어떤 알 수 없는 힘이
그를 과거에 등졌던 고향으로
이끌어 갔다.

고향 뿌리Puri로 돌아온 람은
영혼의 평화와 안식을 찾는 이들에게
영원한 희생 제물이 된
예수 그리스도를 증거하기 시작했다.

람은 "고난 받는 종의 노래"를
칼리 사원을 찾는 순례자에게 불러 주었다.

"그가 찔린 것은
우리의 허물 때문이고,
그가 상처를 받은 것은
우리의 악함 때문이다.
그가 징계를 받음으로써
우리가 평화를 누리고,
그가 매를 맞음으로써
우리의 병이 나았다.
(이사야 53:5, 새번역 성경)"

데바사하얌
_ 닐칸타

벵골만에서 불어오는 기분 좋은 해풍이
더위에 늘어진 야자나무 잎을 흔들어 깨우고,
끝이 보이지 않는 논에는 벼가 익어 간다.
닐칸타_{Nilkanta} 는
우람한 티크 나무 기둥 너머로 보이는
들판을 바라보며 만족한 미소를 짓는다.

닐칸타는
트랑코바르_{Tranquebar} 대지주의 아들로 태어나
어려서부터 역사, 의학, 천문, 물리,

건축과 전통 무예를 배우고,
다양한 언어를 익혔다.
좋은 집안 출신의 처자와 결혼했고,
닐칸타의 명석함은 왕에게도 알려져
힌두 사원을 짓는
공사 책임자로 임명되었다.
똑똑하고, 부유하고, 훌륭한 인품을 가진
닐칸타는 왕의 총애를 받았고,
왕국의 높은 자리에 올랐다.

남들이 부러워할 만한
재산, 학문, 아름다운 부인,
왕국에서의 성공과 같은
모든 것을 가진 듯했으나
닐칸타에게는 영적 공허함이 있었다.

닐칸타는 네덜란드에서 온 두란노이라는
훈련 교관과 친분을 맺게 되었는데,
두란노이는 젊고 유능한 인도인 친구가
내면의 허무와 싸우는 것을 보고서
자신의 신앙 이야기를 들려주었다.

인간의 모습으로 찾아와
사람의 길을 동행한
하나님 아들의 삶과 죽음
그리고 부활에 관한 이야기를 들으면서
닐칸타는 이해되지 않으나
친구가 전해준
진리를 배우고 싶은 마음이 생겼다.

닐칸타는 친구의 소개로
남인도에서 사역하는 부타리 선교사를 찾아갔다.
부타리는 왕궁의 고위 관료가 개종하면
문제가 생길 것이라 염려해
세례 주는 것을 꺼려했다.
그러나 닐칸타는 이렇게 고백했다.

"나는 지금 내 의지로 여기에 왔습니다.
나는 내가 믿기로 한 믿음을 위해
기꺼이 죽을 수도 있습니다."

1747년 5월, 세례를 받은 후에 그의 이름을
'하나님의 도움'이라는 뜻을 가진

'데바사하얌'Devasahayam으로 바꾸었다.

데바사하얌은 가족과 친척들에게

그가 발견한 진리를 전했고,

그의 부인이

그와 함께 믿음의 길을 동행하기로 했다.

그러나 왕궁 고위 관리가

서양 종교를 전하는 것에 대해

이런저런 이야기가 돌았고

힌두 사제들과 논쟁하는 일이 종종 생겼다.

데바사하얌은 전도를 막는 힌두 사제들을 향해

"물러가라!"고 소리를 질렀고,

전도를 멈추지 않았다.

심지어 그의 재개종을 위해

힌두 사제들이 뿌자Puja*를 드린다는

소식을 듣고서는 엄중한 경고를 주기도 했다.

데바사하얌의 이야기는

왕국의 총리에게 전해졌고

그는 왕국의 위험인물로 비쳐졌다.

....

※ 뿌자(Puja): 힌두교 제사.

어느 날인가 교회를 세우고 싶어 하는
선교사의 이야기를 듣고
데바사하얌은 총리에게 벌목 허가를 신청했다.
자신도 왕궁 고위 관료였기 때문에
충분히 허가가 나올 줄 알았는데
오히려 총리로부터
힌두교로 다시 개종하지 않으면
목숨을 잃을지 모른다는 위협을 받았다.
그러자 데바사하얌은 조금도 물러서지 않고 말했다.

"그렇다면 뭘 기다리십니까?
당신이 나한테 하고 싶은 대로
지금 하면 되지 않소?"

데바사하얌이 역모를 꾸민다는 소문이 떠돌았고,
이 소식을 들은 왕은 그를 체포하였다.
왕이 데바사하얌을 심문하면서
다시 힌두교로 돌아오면
모든 것을 용서하겠다고 회유했지만
그는 단호하게 거절했다.

"나는 그리스도인 외에는
아무것도 아닙니다.
나는 세례를 받았고,
내게 세례를 준 선교사는
내게 성경을 읽어 주고,
십계명을 가르쳐 주었습니다."

분노한 왕은 데바사하얌을
높이 90센티미터, 폭이 60센티미터 정도 되는
좁은 광에 가두었다.
심지어 왕궁의 고위 관료인 그를 모욕하기 위해
물소 위에 태우고 에루카Eruka 꽃을 메달아 끌고 가거나,
코와 눈에 고춧가루를 집어넣는
고문을 가하기도 했다.
그러나 데바사하얌은 이렇게 기도했다.

"하나님을 찬양합니다.
나는 이날을 오랫동안 기다려 왔습니다.
우상 숭배에 빠져 있던 저주받은 인간이
이제는 진정한 믿음을 갖게 되었습니다!
나의 하나님이여!

당신은 나를 구원하시고,

당신의 사랑받는 아들이 되게 했습니다.

내게 자비를 베푸시고,

거룩한 고통의 열매를 잃어버리지 않도록 도와주소서.

천국에서 당신과 함께하리라 믿습니다!"

데바사하얌에게 사형이 선고되었지만,

지인들의 도움으로

가까스로 목숨을 구할 수 있었다.

왕은 똑똑하고 지역에서 존경받는 데바사하얌이

자신의 측근으로 일하기를 바랐기에

계속해서 설득했다.

부귀영화를 약속했지만

그는 꿈쩍하지 않았다.

때로는 각종 고문 도구가 사용되고,

모욕과 수치를 주었지만

그는 이렇게 노래했다.

"내 주, 예수 그리스도시여!

당신이 십자가를 지고 갈보리를 오를 때

당신은 여러 차례 쓰러지셨지요.

이제 나도 당신처럼 쓰러지는 것이 마땅합니다.
내가 당신의 뒤를 따를 수 있다는 것이
얼마나 큰 행운인지요,
오, 주님!
나는 작은 자 중의 작은 자요,
약한 자 중의 약한 자입니다.
예수여! 나를 구원하소서!"

하루에도 수차례 채찍에 맞았고,
덧난 상처 위에 고춧가루를 뿌리는 형벌을 당하고,
님 나무_{Neem tree}에 묶여
수십 일씩 더위와 해충을 견뎌내기도 했다.
병사들이 자신의 눈에 고춧가루를 뿌릴 때는
눈으로 행한 죄를 고백하고
하나님의 은총을 구했다.
데바사하얌은 7개월에 걸쳐 고문을 받고
다른 지역으로 이송되었다.
낯선 곳에서도
그는 만나는 사람들에게 복음을 전했고,
간수를 포함해 주민들 상당수가
예수를 믿게 되자

왕은 비밀리에 그를 살해하라는 명령을 내렸다.

1752년 1월 14일.
데바사하얌은 자신의 마지막 여행이 임박했음을 깨달았다.
왕이 보낸 병사들은 그를
카타디말라이 Kathadihmalei 의 높은 바위에서 살해했고,
그의 시체는 버려져 산짐승들에게 먹혔다.
이때 그의 나이 40세였다.

데바사하얌의 아내는
이름을 '테레사'로 개명하고
남편의 순교 이후 14년 동안 거룩한 삶을 살다
하나님의 부름을 받았다.

예수를 따르는 일이
때로는 죽음과 같은 두려움을 가져오고,
개인과 가정을 불구덩이 속으로
몰아가는 것처럼 보일 때도 있다.
그러나 소망의 항구를 바라보는 사람에게는
이 땅에서의 천 날보다
예수와 동행하는 하루를 소망한다.

거울 보기
_ 우다이뿌르 소녀

호수의 도시라 불리는 우다이뿌르_{Udaipur}*는
화려한 대리석 궁전과 도시를 둘러싼 인공 호수에
아직도 과거 무굴 제국의 영광을 담고 있다.
그러나 두어 시간 차를 타고 달리다 보면
제국의 영광과는 거리가 멀게
모래 먼지 날리는 길섶에 웅크린
낮은 움막집들이 나타난다.

....

＊ 우다이뿌르(Udaipur): '호수의 도시'로 알려진 라자스탄의 도시이며 과거 메와 왕국의 수도였다. 도시 주변으로 아름다운 인공 호수와 무굴 제국의 왕궁들이 남아 있으며, 도시 외곽은 사막과 같은 메마른 지역이다.

흙벽 위로 덕지덕지 붙어 있는 소똥은
마을 사람들의 궁색한 삶을 짐작하게 한다.

이 마을에 사는 소녀들은 열한 살이 넘으면
동네를 지나는 고속도로에 나가
트럭 운전사들을 상대로 성매매를 한다.
왜 이렇게 살아야 하는지 말해 주지도 않고,
부모들은 어린 딸의 손을 잡아끌어
고속도로로 데려간다.
그들은 어린 딸에게 가족의 생계를 걸었다.
엄마도, 고모도, 이모도 …
모두 그렇게 살았고,
그렇게 사는 것은
전생의 업보 때문이라고 믿었다.

어느 날, 기독교 구호단체가
마을에 들어와 직업학교를 시작했다.
여성들에게 옷 만드는 법과
재봉틀 사용법을 가르쳐 주었는데,
십 대 소녀들에게 인기가 많았다.
직업학교에서 만난 소녀들은

부모에게 하지 못했던 마음속 이야기들을
나누기 시작했다.
서로 아픔의 크기와 깊이가 비슷했기에
공감할 수 있었다.
고속도로에서 낯선 어른들을 따라가야 하는 것이
얼마나 무서운지?
또 이렇게 사는 길 외에는 길이 없는지?
이보다 더 나은 삶은 없는지?
소녀들은 가슴속 이야기를 나누며
서로에게서 상처받은 자신들의 모습을
발견하기 시작했다.
분명 이보다 더 나은 삶이 있을 것 같다는
마음의 소원을 나누었다.

가슴속에 묻어 두었던 소녀의 꿈,
더 나은 삶에 대한 열망,
애벌레에서 나비로 태어나고 싶은 소망 …
소녀들의 삶을 곁에서 지켜본
사역자 삼손은 이렇게 고백한다.

"내가 그들 속에서 발견한 것은

서로가 함께 변해간다는 것입니다.
상대의 얼굴을 보면서
내 모습을 발견합니다."

우다이뿌르 소녀들은 서로의 모습에서
상처받은 자신을 발견하고,
더 나은 삶을 갈망하는 자신들의 꿈을 보았다.
그리고 소녀들은
부모 세대의 운명과는 다른 선택을 하기 시작했다.
그들은 고속도로가 아닌 학교를 향해 걸어갔다.
낯선 사내의 손에 잡혀가는 것이 아니라,
스스로 연필을 잡고
자신들의 새로운 인생을 써 나가기 시작했다.
우다이뿌르 외곽 어느 마을에
기적이 일어났다.

우리는 첫 사람 아담의 얼굴을 통해
인간의 가련하고 비참한 운명을 마주한다.
그들의 결국은 죄가 왕 노릇 하는 삶이요,
사망과 심판이 운명이 된다.
그러나 둘째 아담 예수의 얼굴을 바라볼 때

회복된 참 사람의 모습을 발견한다.
예수에게서 죄와 사망의 권세를 이기고
생명과 희락, 평강이 충만한
삶의 비밀을 찾는다.

상대를 통해
나를 들여다보는 거울 보기는
변화를 끌어내는 놀라운 힘이 있다.
이제 거울을 보자.
곁에 있는 사람을 통해
내가 어떻게 비쳐지는지
한 번쯤 살피자.

뿌자리

_ 빈센트

그의 아버지도 할아버지도 시바_{Shiva} 신을 섬기는
힌두 사원의 뿌자리_{Pujari} * 였다.
불가촉천민으로 태어났지만
외딴 시골 마을에서는
브라민 출신이 아니어도
작은 힌두 사원의 뿌자리가 될 수 있었다.
그는 또래 친구들이 학교에 다닐 때,
아버지의 뒤를 이어

....

* 뿌자리(Pujari): 힌두교 사원에서 힌두 의식을 집례하고, 사원을 관리하는 사람. 시골에서는 신분이 낮아도 힌두교 사원을 돌보고, 의식을 집례하는 뿌자리로 일할 수 있다.

동네 사원에서 사제들의 심부름을 하고,

허드렛일을 도맡아 했다.

사원 주변을 청소하고,

가끔 사제의 지시로 신상을 목욕시키거나

옷을 갈아입히는 일도 그의 몫이었다.

글보다 먼저 시바신을 위한 노래를 배우고,

타블라_{Tabla}*를 익혀

사원의 축일에는 신상 앞에서 악기를 연주했다.

사원에서는 수고비로

몇 킬로그램의 쌀과 단 과자를 주었다.

가족들은 어린 아들이

시바 사원에서 벌어오는 먹거리로

생계를 이어갔다.

어느 날이었다.

동네 예배당 앞을 지나가는데

노랫소리가 들렸다.

그는 노래에 이끌려

예배당 가까이 다가갔지만,

....

※ 타블라(Tabla): 인도, 남아시아의 전통 타악기.

뿌자리 복장을 한 자신을 발견하고는
예배당 처마 밑에 몸을 숨기고
아이들이 부르는 노래에 귀를 기울였다.

작은 예배당에 모여 노래하는 아이들과
그들의 웃음소리가 부러웠다.
사원에서 일하다가도 예배 시간이 되면
교회 근처를 배회하다
주변을 살핀 후에 몸을 숨기고
안에서 들려오는 노래와
목사님의 설교를 들었다.
익숙한 구절은 중얼중얼
따라 불러보기도 했다.

어느 날, 목사님이 그를 발견했다.
"꼬마야, 거기서 뭐하니?
밖에 있지 말고 들어오렴."
처음으로 누군가의 초대를 받아
예배당으로 들어갔다.
힌두 사원의 뿌자리가
태어나 교회의 문턱을 넘는 것은

생각보다 가슴 떨리는 일이었다.
작은 문턱을 하나 넘었을 뿐인데,
그곳에 새로운 세상이 있었다.
환대와 격려, 따뜻함이 몸을 감쌌다.

십 대가 되어
소년은 뿌자리 일을 그만두고
도시에 있는 철공소에 일자리를 구했다.
좀 더 돈을 벌어 볼 요량에
도시에 나갔지만
배운 것이 없고, 신분이 낮은 그에게는
차별이 일상이었다.
가족들 밥 굶기지 않고,
누이들 결혼 지참금을 마련할 생각에
이를 악물고 돈을 벌었다.
한 푼 두 푼 모은 피 같은 돈으로
누이들을 시집보냈다.
인생의 무거운 짐 때문에
숨이 턱에 차는 것 같은 느낌이 떠나지 않았다.

"내 인생을 살고 싶다."

자신의 선택에 의해 사는
삶에 대한 열망이 열병처럼 찾아왔다.

도시에서 철공소 일을 그만두고
시골에 있는 부모님을 찾아가
평생 묻어 두었던 은밀한 이야기를 꺼냈다.
"공장을 그만 두었습니다.
이제 내 뜻대로
해 보고 싶은 일이 있습니다."
"그게 뭐냐?"
부모님은 배운 것도 없고,
가진 기술도 없는 아들이
무엇을 하고 싶은지 궁금하기도 했지만,
생계를 책임진 아들이 엉뚱한 선택을 할까
내심 두렵기도 했다.

"예수를 믿고 싶습니다.
평생 내 의지와 상관없이 살아 왔는데
이제는 내가 선택한 인생을 살고 싶습니다.
예수를 믿고 싶습니다.
그리고 신학교에 진학해 전도자가 되고 싶습니다."

부모의 반대는 생각보다 심했다.
오히려 부모님의 반대에
속이 후련해지는 느낌이 들었다.

그는 자신의 이름을
'승리자'를 의미하는 '빈센트'로 바꾸었다.
그리고 전도자 양성 과정에 들어가
성경을 배우고,
전도자들을 따라다니며 사역을 배웠다.
졸업 후에는
안드라프라데시Andhra Pradesh* 경계에 있는
산지 부족을 찾아가
복음을 전하는 일에 동참했다.

하나님은 인간의 생각과 계획을 뛰어넘어
그의 종들을 부르시고,
그들을 세상 가운데로 파송하신다.

....

※ 안드라프라데시(Andhra Pradesh): 인구 5천만 명이 살고 있는 남인도의 주. 힌두교와 이슬람이
주요 종교다.

2장

부르심을
좇아간
사람들

인생에서 가장 빛나는 때
_ 하워드 소머벨

8,848미터!
지구에서 가장 높은 에베레스트산에 오르는 것이
소년의 꿈이었다.
올림픽에서 메달을 딸 정도로
강인한 체력과 튼튼한 두 다리
그리고 외과 의사로서의 지적 능력은
에베레스트산 정상에 설 수 있다는
자신감을 주었다.
실패할 것 같지 않았다.

1922년,

오랫동안 꿈꾸고 계획했던

에베레스트산 등반에 나섰지만,

네 번의 시도에도 불구하고

정상에 이르지 못했다.

잘못된 판단으로

7명의 셰르파Sherpa가 목숨을 잃었다.

그러나 하워드 소머벨Theodore Howard Somervell*은

강한 사내였다.

실패한 꿈 앞에서 절망하기보다는

다시 한번

세계 최고봉에 오르기 위해 절치부심切齒腐心했다.

1924년, 다시 한번 신들이 산다는

에베레스트산을 오르기 시작했다.

모든 일이 순조롭게 풀려가는 것 같았는데,

예측하기 힘든 악천후와 건강상의 이유로

정상을 눈앞에 두고 내려올 수밖에 없었다.

....

※ 하워드 소머벨(Theodore Howard Somervell, 1890-1975): 영국 외과의, 산악인, 화가 및 선교사였으며, 올림픽 금메달(1924)을 받았고 인도에서 의료 선교사로 40년간 사역했다.

두 번의 실패, 깨진 꿈,
에베레스트산 등반에 실패한 소머벨에게
당시 인도에서 의료 선교를 하던 푸Pugh가
함께 사역할 것을 제안해 왔다.

소머벨은 트라반코르Travancore 지역을 거점으로
귀족, 힌두교인, 지역 사회에서 배척당하는
불가촉천민들을 돌보았다.
사람들은 소머벨의 발걸음 소리를
마치 하나님이 찾아오는 소리로 들었고,
그에게서 하나님의 손길을 느꼈다.

꼭 내가 원하는 곳에 서야 성공일까?
내 계획이 틀어졌다고 실패한 인생일까?
에베레스트산을 오르기 위한
소머벨의 훈련과 노력이
성공으로 끝나지 못하고
꿈은 좌절된 것 같았지만,
오히려 아래로 내려가는 길을 선택함으로
그의 인생은 찬란히 빛나게 되었다.

소머벨의 별은

가장 높은 산 위에서 빛나는 것이 아니라

가장 낮은 자리,

불가촉천민들의 자리에서 반짝였다.

최고가 되고 높아져야만

빛을 발하는 것이 아니라,

낮은 자리, 볕 한 줌 들지 않는 곳에서도

찬란한 빛으로 살아가는 인생도 있다.

땅끝으로

_ 요헨

희생 없는 헌신이 가능할까?

열정 없는 희생이 있을까?

엔지니어링을 전공한 요헨_{Jochen}* 은

크게 부족한 것도,

더 많은 것을 가지고 싶은 욕심도 없었다.

독일의 작은 시골 마을에서 태어나고 자란 그는

여느 친구들처럼

....

* 요헨(Jochen): 아내와 함께 현재 인도 첸나이에서 대학과 직업학교를 운영하고 있다.

대학을 마치고 직업을 구했다.
어린 시절 예수를 인격적으로 만난 후
교회에서 보내는 시간이 좀 많다는 것이
요헨과 또래 청년들과는 차이였을 뿐
그는 그럭저럭 무난한 삶을 즐겼다.

1973년,
요헨은 인생의 목적과 가치가
송두리째 뒤집히는 경험을 했다.
회사 일로 인도를 방문할 기회가 있었는데,
낙후된 도시와 열악한 생활 환경
그리고 미래에 대한 희망이 없는
젊은이들과 대화를 나누면서
가슴속에 뜨거운 불이 붙는 것 같았다.

"하나님 어떻게 할까요?"
"네가 그들을 찾아가라!"

가슴에 붙은 소명의 불은 쉬 꺼지지 않았다.
결국, 안정된 삶과 만족스러운 생활을 뒤로하고
한 번도 가 보지 않은 길을 가기로 했다.

자신의 폭스바겐 승용차에 간단한 짐을 싣고
수천 킬로미터에 달하는 여행을 시작했다.
독일에서 인도로 향하는 길 위에서
방향을 잃으면 사람들에게 물으면서 갔고,
넘어지면 다시 일어날 용기를 구하면서 갔다.
여러 국경을 통과하고,
알렉산더 대왕도 주저앉힌
힌두쿠시 산맥Hindu Kush Mts도 넘어야 했지만,
그의 헌신은
무모할 정도로 용기를 가져다주었다.

인도에 도착한 후에
무엇을 어떻게 해야 할지 몰랐지만,
할 수 있는 것부터 하기로 하고
작은 공방을 열었다.
일자리를 구할 수 없는 현지 청년들에게
기술이라도 가르치면
밥벌이는 할 수 있을 것 같았다.
전기, 전자, 목공, 용접, 배관과 같은
사람이 사는 데 꼭 필요하고
직업과 연관시킬 만한 기술들을 가르쳤다.

몰려드는 학생들의 적성을 파악해
이것저것 가르치다 보니
작은 공방은 어느새
기술학교, 봉제학교, 간호학교, 고아원,
대학교로 규모가 커지기 시작했다.

요헨이 첸나이_{Chennai}의 언덕을 오르는 것도
힘겨워할 나이가 되었을 때쯤,
테일러링_{tailoring} 학교를 거쳐 간 졸업생이
무려 6만 명에 달하고,
지금도 매년 5천 명의 젊은이가
그가 운영하는 직업학교를 통해
사회로 진출하고 있다.

젊은이들 손에
쓸모 있는 기술 하나 익히게 하고,
가슴속에 예수 그리스도의 복음을 심어
세상에 내보내려는 소박한 꿈을 꾸었는데,
어느 때부터인가 젊은이들은
요헨의 삶을 흉내 내기 시작했다.
말도 안 되는 헌신과 도전을 시도하는

청년들이 늘어나고,
자신만을 위한 삶에서
이웃과 더불어
살고 싶어 하는 젊은이들이 모여들었다.
부르심을 따라간 한 사람으로 인해
수만 명의 삶이 변화되었다.

한 알의 밀이 땅에 떨어져 썩은 후에
많은 열매가 맺는 것처럼,
요헨의 헌신과 순종의 삶은
인도의 골목과 깊은 산속,
작은 어촌 마을에
열매로 나타나기 시작했다.

가슴 언어
_ 새뮤얼 켈로그

일부러 찾지 않으면

그가 지구별을 지나간 흔적을 발견하기 어렵다.

백 수십 년 전, 켈로그_{Kellogg}*라는 이름의 청년은

고향에서 수만 킬로미터 떨어진 인도에서

자신의 생명과 기회를

그리스도를 위해 드리겠다며

히말라야 첩첩산중에 찾아들었다.

....

※ 새뮤얼 H. 켈로그(Samuel Henry Kellogg, 1839-1899): 미장로교 선교사로 무수리에서 사역하다 자
신이 세운 현지 어학원 곁에 묻혔다.

이질적인 문화와 사람, 모든 게 낯설었지만
그는 그들의 친구가 되고 함께 호흡하며,
공동체의 일부가 되기 위해 급한 마음 달래가며
힌디어의 첫 번째 자음인 'क'까부터 익혀 나갔다.

어렵게 굽이굽이 돌아가며 익힌 힌디어가
자기 언어가 되었다 싶을 때,
켈로그는 뒤에 오는 사람들을 위해
디딤돌 하나를 놓는 심정으로
문법을 정리하고 힌디어 교재를 만들었다.
그의 사랑방에는 힌디어를 배우려는
새내기 선교사들이 모여들었고,
히말라야 산속 마을에는
인도와 인도인을 품는 꿈이 자라기 시작했다.

그러나 비극은 예고 없이 찾아왔다.
보기에도 아찔한 히말라야 언덕길에서
켈로그가 탄 자동차가 브레이크가 고장 난 채
아래로 질주하기 시작했다.
사랑하는 사람들과 작별 인사를 할 겨를도 없이
켈로그는 하나님 곁으로 돌아갔다.

그의 삶과 사역은
백 년 전 그를 통해 말씀을 듣고 배웠던
지역 주민들과 후손들의 기억을 통해 전해진다.
그는 크게 유명하지 않았지만,
히말라야 깊은 산중에서
인도 대륙을 품었고,
힌디어라는 언어를 넘어
'가슴 언어'로 인도인들과 소통했다.

만년설에 뒤덮인
히말라야 봉우리들을 바라보고
올라가다 보면
그가 지구별을 여행한 작은 흔적이 남아 있다.

'켈로그 기념 교회' Kellogg Memorial Church

진정으로 가치 있는 삶은
대리석에 새기는 것이 아니라
사람들의 가슴에 흔적으로 남는다.

카르마와 윤회의 사슬을 끊고
_ 판디타 라마바이 1

판디타 라마바이_{Pandita Ramabai}의 아버지는

존경받는 브라민_{Brahmin}* 사제였고,

어머니는 산스크리트어와 힌두 경전에 능통했다.

판디타는 부모님의 영향으로

산스크리트어를 배우고,

열두 살 무렵에는

힌두교 경전 18,000구절을 외웠다.

....

* 브라민: 산스크리트어의 '브라마나(Brahmana)의 영어식 표기인 '브라민'(Brahmin)은 힌두교의
인도 카스트 계급이다. 브라만은 힌두교의 '초자아' 혹은 '신들의 처음'을 뜻하는데, 브라민은 그
각 개개인을 의미한다.

경전에 대한 판디타의 통찰력은
종종 사원의 사제와 학자들을 놀라게 했다.

판디타의 아버지는 깨달음을 얻기 위해
인도 전역을 순례했고,
어머니는 끊임 없이 경전을 연구하며
업보를 넘어서기 위한 수행을
게을리하지 않았다.
부모님을 통해 판디타는
종교적 수행과 경전에 대한
학문적 자세를 익혔다.

19세기 말에 대기근이 인도 전역을 휩쓸자
부모님은 굶주림과 질병으로 세상을 떠났고,
판디타 남매는 인도 전역을 떠돌며 연명했다.
더위와 추위, 굶주림과 차별을 겪으면서
삶에 대한 의문이 일어났다.

"왜 브라민 여성은
해탈에 이르기 위해 수백만 번의 윤회를 거쳐
브라민 남성으로 태어나야 하는가?"

"깨달음을 얻어 목샤Moksha*에 이르는 것 외에는
구원의 길이 없는가?"

종교적 전통에 따른 차별이 당연한 시대에
해방과 안식에 대한
판디타의 영적 허기와 갈증은 깊어 갔다.

1878년, 판디타의 영적 번민은 우연처럼
젊은이를 위한 집회를 통해
예수의 복음을 들으면서 끝이 났다.
예수의 복음은
종교적, 성적, 사회적 지위에 따라
사람을 차별하지 않았다.

예수를 통해 자유를 알아가는 기쁨이
나날이 커갔지만,
운명은 판디타에게 가혹했다.
결혼한 지 19개월 만에
남편이 콜레라로 세상을 떠났다.

....

* 목샤(Moksha): 업보(카르마)에서 벗어나 영혼이 자유해지는 구원을 의미한다.

핏덩이 어린 딸을 키우는
브라민 출신의 젊은 과부는
가난과 사회적 편견에 맞서는 세상에서
가장 무력한 사람이었다.

과거 부모님이 돌아가셨을 때는
두려움이 그녀의 삶을 내몰았지만,
이제는 '하나님께로 더 가까이' 가고 싶은 열망이
고난 한가운데를 지나는 판디타를
내몰기 시작했다.
희망이 보이지 않았지만,
노래할 이유를 발견했고 꿈이 생겼다.

판디타의 삶은
꿈도 꿔보지 못한 곳으로 쓸려가기 시작했다.
그녀를 눈여겨본 침례교 선교사의 소개로
판디타는 영국으로 건너가
영어와 성경 그리고 성서 언어를 익혔다.
예측할 수 없는 미래를 마주하면서
기도가 절로 나왔다.

"주님, 저를 하나님의 보호하심에 내려놓습니다.
저는 제가 어디로 갈지 알지 못한 채
마치 아브라함처럼 이곳으로 떠나왔습니다."

하나님의 계획은
판디타의 생각을 넘어선 것이었고,
한 번도 계획하지 않은 곳으로
그녀를 이끌어 갔다.

영국에서 학업을 마치고
보스턴을 거쳐 뭄바이로 돌아온 판디타는
과부들을 위한 작은 쉼터를 마련했다.
과부들을 위해
울타리 하나를 세울 생각으로 시작한
쉼터에는 수천 명의 과부가 찾아왔다.
판디타는 종교적 전통과 사회적 관습에
팔다리가 묶여
가축보다 못한 삶을 사는 과부들의 모습에서
목자 없는 양처럼 버려진
가련한 영혼들을 보았다.

사회에 만연한 차별과 싸티_{Sati}* 전통 때문에
불타 죽은 과부들의 이야기를 들으면서
종교의 이름으로 행해지는
무자비함에 분노했다.

사회적 편견과 경제적 어려움 속에 버려진
과부들을 품는 일에는 용기가 필요했다.
판디타의 사역이
인도의 전통적 가치를 깨뜨리는 일이라고 생각한
주변 사람들의 적대적인 태도를
극복하기 위해서는 불같은 믿음이 필요했다.
판디타는 수시로
여호수아의 고백을 떠올리며 다짐했다.

"오직 나와 내 집은
여호와를 섬기겠노라(여호수아 24:15)."

....

＊ 싸티(Sati): 남편이 죽으면 남편의 시신과 함께 부인을 화장하는 제도.

자비의 그늘 아래에서
_ 판디타 라마바이 2

꿈꾸는 것처럼 달렸다.
할 수 있는 것이 아무것도 없는
브라민 출신 과부에게
하나님은 꿈을 주셨고,
그 꿈을 좇아갈 힘을 주셨다.
환경과 조건은 불리했지만
순종함으로 도전했고,
수많은 도전 속에서도
순종함으로 포기하지 않았다.
그렇게 살다 보니

판디타의 공동체는
'묵티*선교회'_{Mukti Mission} 라 불리게 되었다.
묵티선교회는
삶의 방향을 잃어버린 과부들에게
그리고 종교적 전통과 관습에 따라
자포자기를 강요받는 이들에게
등을 기댈 언덕이 되었다.

땅을 구입해 과일과 채소를 심고
우물을 팠다.
이곳에서 나는 열매와 물은
가족과 마을에서 버림받은
사람들을 위해 제공되었다.
그들은 공동체 안에서 영혼의 안식을 찾고
카르마와 윤회의 사슬에서 벗어나는
참 길을 찾기 시작했다.
판디타는 되어가는 일을 보면서
이렇게 고백하지 않을 수 없었다.

....

※　묵티(Mukti): 영적인 자유의 개념으로 '안식'을 의미한다.

"하나님만이
우리의 무한한 보화입니다."

빈손으로 시작했으나
하나님은 충만하게 공급하셨고,
순종함으로 꿈을 좇아갔더니
그 꿈은 모두의 꿈이 되었다.

묵티! 안식과 해방!

묵티공동체는
안식과 해방이 필요한 이들의
울타리가 되었다.
오갈 곳 없는 수천 명의 과부와 아이들이 찾아왔고,
그들을 보듬는 판디타에게 들려오는
하나님의 말씀이 있었다.

"나는 여호와요 모든 육체의 하나님이라
내게 할 수 없는 일이 있겠느냐(예레미야 32:27)?"

부모님의 목숨을 앗아갔던 대기근이

인도 대륙에 다시 찾아왔다.
수백만 명이 굶어 죽었고,
인도는 아비규환의 땅으로 변했다.
판디타는 기근이 있는 지역을 찾아다니며
버려진 과부와 아이들을
묵티선교회로 데려왔다.

하나님은
오갈 데 없는 여인들의 연약함을 살피셨고,
대기근에도 불구하고
선교회의 우물이 마르지 않았다.
묵티선교회의 텃밭에는
과일과 야채가 자라고,
수확한 곡식으로
여인들과 아이들의 끼니를
해결할 수 있었다.

광야에 길을 만들고,
사막에 강을 흐르게 하는 하나님의 능력을
이보다 더 선명하게 드러낼 수 있을까?
하나님은 버려진 과부와 아이들을

자비의 그늘로 불러 모으셨고,
그곳에서 은총의 물을 마시고
생명의 떡을 먹으며
주님을 노래할 이유를 찾게 하셨다.

인생의 마침표를 찍을 때까지
_ 판디타 라마바이 3

힌두교 전통에 따르면,

사람이 나이 들어 죽음을 생각할 때가 되면

산야시Sanyasi*가 되어 숲으로 들어가

명상과 수련을 해야 한다고 한다.

세상의 집착과 욕망에서 벗어나

다음 생의 윤회를 준비하기 위함이다.

판디타에게는 윤회의 두려움도,

....

※　힌두교 전통에 따르는 인간에게는 네 가지 단계가 있으며 마지막 단계는 속세를 떠나 수행자
(Sanyasi)의 삶을 사는 것이다.

죽음 이후의 삶에 대한 의문도 없었다.
그녀가 믿는 하나님은
철학이나 관념 속에 갇히지 않고,
경전에 묶인 신이 아니었다.
일상의 삶에 동행하고, 생각을 살피고,
마른 땅에 샘을 내고,
넘어진 자를 일으켜 세우는
구체적이고 살아 계신 하나님이었다.

한 번은 1,700명의 과부에게
옷을 해 입혀야 하는데 형편이 안 되었다.
사람의 생각으로는 할 수 있는 것이 없어
자신이 할 수 있는 것을 하기로 했다.
돈을 만들 수는 없지만
기도는 할 수 있었다.
하나님의 은혜와 자비를 구하며 기도하자
옷을 만들 옷감이 배달되었다.
매일의 삶이 은총이고 기적이었다.
판디타는 고아와 과부들에게
시편 34편 10절을 종종 들려주었다.

"젊은 사자들은
먹이를 잃고 굶주릴 수 있으나,
주님을 찾는 사람은 복이 있어
아무런 부족함이 없을 것이다(새번역 성경)."

판디타의 이름과 사역이 알려지면서
불편한 일이 많이 생겼다.
버려진 사람들에게 희망을 갖게 하고
삶을 변화시키는 판디타의 이야기가
사람들의 입에 오르내리면서
시기하고 대적하는 이가 늘어 갔다.
과거 브라민 친구들과 악의를 가진 사람들이
그녀의 목숨과 공동체를 위협해 왔다.
불같은 시험과 궁핍함 속에서 기도하는
판디타에게 하나님의 말씀이 들려왔다.

"어떤 무기도 너를 상하게 하지 못하고,
너에게 맞서서 송사하려고 일어나
혀를 놀리는 자를
네가 모두 논박할 것이다.
나의 종들을 내가 이렇게 막아 주고,

그들이 승리를 차지하도록 하겠다.
(이사야 54:17, 새번역 성경)"

버려진 아이들의 엄마로,
과부들의 가족으로 치열하게 살면서도
판디타는 15년에 걸쳐
성경을 마라티 언어로 번역했다.
성경 번역을 위해
헬라어와 히브리어를 배웠고,
어머니에게 물려받은 학자의 재능과
아버지에게 물려받은 인내심으로
성경을 부족 언어로 옮겼다.
그러나 번역하는 성경의 분량이 늘어 갈수록
판디타의 귀에 문제가 생겨,
세상의 소리가 점점 작게 들렸다.

사랑하는 딸이
하나님께로 돌아간 지 2년쯤 지나
판디타는 성경 번역을 모두 마칠 수 있었지만
그만 자리에 눕고 말았다.
다시 일어나지 못하리라는 것을 예감하고

하나님께 이런 기도를 드렸다.

"주님! 10일만,
제게 10일의 시간만 더 주십시오.
마지막으로
성경 번역 교정을 끝낼 수 있도록
시간을 주십시오."

10일이 지난 1922년 4월 5일,
판디타는 마라티어 성경의
마지막 페이지 교정을 마무리하고
하나님의 부르심을 받았다.

인도인들 대부분이 죽음 이후의 삶에 대해
물음표를 남기지만,
하나님의 부르심을 좇아간
판디타의 삶은 마침표로 끝났다.

아버지와 딸
_ 땅가라즈

야자나무와 바나나가 자라고,
일 년 삼모작이 가능한
남인도에 사는 땅가라즈Thangaraj 에게는
큰 꿈이나 욕심이 없었다.

그러나 어느 날에
말로 설명할 수 없는 '하나님의 부르심'이
그의 마음속에 자라기 시작했다.

한 번도 가본 적 없는 라자스탄Rajasthan*에서
복음을 전하고 싶다는 마음이었다.

고향 마을에서 수천 킬로미터 떨어진
라자스탄은 말과 문화가 완전히 다른 곳이다.
끝이 보이지 않는 사막과
그곳에 살고 있는 부족에 관한
이야기를 들었을 때
땅가라즈의 마음은 불타는 것 같았다.
사막에 사는 부족에게 복음을 전하는 것이
자신의 운명처럼 느껴졌다.
자신의 젊음과 앞으로의 모든 선택을
주님을 위해 드리겠다고 고백했지만
마음 한편에는 두려움이 자리 잡았다.
특히 걸음마를 배우고 있는 딸을 볼 때마다
생각이 많아졌다.

부르심에 대한 순종과
가장 역할 사이에서 갈등하는 그에게

....
＊ 라자스탄(Rajasthan): 인도 북서쪽에 위치한 사막지역.

하나님은 라자스탄 사막뿐만 아니라
히말라야 차티스가르_{Chhattisgarh}와
데칸고원_{Deccan Plateau}으로 향하는 꿈을 주었다.
기도하는 시간이 길어질수록
현실과 부르심 앞에서 저울질하던
마음이 희미해지고 확신이 분명해졌다.
어린 딸은 하나님께 맡기고
자신은 순종의 길을 가기로 뜻을 세웠다.

'아빠'라는 말을 배우기 시작한 리디아를
마두라이_{Madurai}에 있는 어린이집에 맡기고
땅가라즈는 라자스탄행 기차에 올라탔다.
육신의 딸을 다른 사람 손에 맡기고 떠나면서
그는 딸의 어리광을 지켜보는 행복한 시간도,
딸과 함께 만들어갈 추억도 포기했다.

라자스탄 언어를 배우고,
입안에서 서걱서걱 씹히는 모래를 뱉어내며
마을과 마을을 방문해 예수를 전했다.
길도 없고, 이정표도 없는 사막에서
홀로 되었다는 것이 두려웠지만

가장 큰 고통은 어린 딸에 대한 그리움이었다.
그리고 1년, 2년, 5년, 10년, 30년이 지났다.

딸을 낳았지만 키우지 못했고,
리디아라는 이름을 지어 주었지만
딸과 함께
행복한 추억거리를 만들지 못했다.
살갑게 살을 부비며
맛난 것 먹여 본 기억도 없다.

수년 만에 만나고 헤어질 때마다
땅가라즈는 벧세메스_{Beth Shemesh}로 향한
두 마리 암소를 떠올렸다.
어미 소를 찾으며 우는 송아지를 뒤로하고,
법궤를 매고 죽으러 올라가는
두 마리의 암소의 무거운 발걸음이
자신의 발걸음과 닮았다는 생각이 들었다.

부르심을 따라
히말라야와 라자스탄 사막지대,
데칸고원을 향하는 땅가라즈 뒤에는

어린 딸의 눈물이 있고,

앞에는 그가 흘린 눈물의 흔적이 있다.

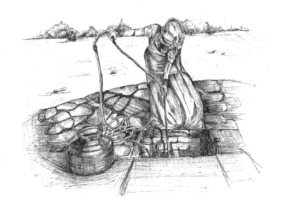

2,000개의 마을

_ 자야싱

누군가 닐기리스_{Nilgiris} 산맥의 험산 준령을 넘으며
복음을 전해야 했지만 길이 험하고,
적대적인 부족들 때문에
섣불리 나서는 사람이 없었다.

자야싱_{Jayasingh}* 목사가
영국 에든버러대학교에서 학위를 받았을 때
그의 가슴속에는 해냈다는 자부심과 함께

....
* 자야싱(Jayasingh) 목사: 인도 첸나이 출신으로 LCM(Liberty Christ in Mission) 선교회 설립자이며,
닐기리스 산지족 어린이를 위한 어린이집과 교회 개척 사역에 헌신하고 있다.

조국 교회를 위해
무엇인가 할 수 있다는 기대가 컸다.
CSI* 교단의 영향력 있는 교회에서 목회하고
교단의 주요한 직책을 맡아
일할 수 있을 것이라는 생각에
가슴 설레기도 했다.

어린 자녀와 아내를 고국에 남겨 두고
영국에서 홀로 공부하는 것은
힘에 부치는 일이었다.
경제적 어려움,
미래에 대한 두려움을 꾹꾹 눌러가며
결국 학위 과정을 모두 마쳤다.
자신에 대한 대견한 마음을
스스로도 감출 수 없었다.
귀국하는 항공기 창문 너머로
첸나이가 눈에 들어 왔을 때
그의 앞길은 쭉 뻗어 있는 활주로처럼
거침이 없을 것 같았다.

....

* CSI(Church of South India): 아시아에서 가장 큰 개신교 교단 중 하나고 인도의 대표적 교단으로
남인도교회라 불린다.

교단 본부의 주요 인사들과 만남을 통해
많은 사람이 그에게 거는 기대가
크다는 것을 느꼈다.

자야싱은 자기 앞에 열린
수많은 선택을 두고 기도하는 데
난데없이 닐기리스 산맥으로 향하는
좁은 길이 보였다.
마치 골고다로 향하는
가파르고 좁은 길처럼,
굽이굽이 산길로 이어지는
닐기리스의 험한 고갯길과
그곳에 사는 사람들이 환상처럼 지나갔다.
순간 그 길이
자신의 운명이라는 느낌이 왔다.

누군가 닐기리스 산맥 깊은 곳에 사는
2,000여 산지 부족들의 마을을 찾아
복음을 전해야 한다는 마음이 왔지만
자신은 아닐 것이라는 암시를
스스로에게 주었다.

'산지 부족에게 내 학문적 성취와
해외의 다양한 경험은
아무 도움이 되지 않을 거야!
산지족을 위해 부름 받은 사람이
따로 있겠지,
나는 아닐 거야!'

그러나 피하면 피할수록
그 길이 너무나 선명해졌다.
영향력 있는 교회에서 목회하면서
성공적인 사역을 통해
하나님께 영광 돌리고 싶다고
떼를 써 보았지만
하나님은 자야싱이
닐기리스의 산지 부족 마을을 위해
헌신하기를 원하는 것 같았다.
부르심 사이에서 갈등할 때
기쁨이 사라지고,
자신의 자유가 구속되는 것 같은
답답함이 가득했다.

"다 내려놓겠습니다.
필요하다면 명문 대학의 학위도 내려놓고
성공한 목회의 꿈도 접겠습니다.
순종하겠습니다.
누군가 올라야 할 길이 있다면
제가 오르겠습니다.
주님이 허락한
닐기리스 산맥을 오르겠습니다."

그제야 숨을 쉴 수 있을 것 같았다.
순종의 길에 오르니
잃어버린 영혼들이 눈에 들어왔다.
부르심을 따라 나서니
깊은 골짜기에 묻혀 사는 부족민들의
절박한 이야기가 귀에 들어왔다.
그들을 위로하고 복음을 전하는 데는
학문적 지식이나
해외의 다양한 경험이 필요하지 않았다.
손을 잡아주고, 시선을 마주하고
공감해 주는 것으로 충분했다.

모든 것을 버리고 산을 오른 것 같았는데
순종함으로 닐기리스 험한 길을 오르는
자야싱에게 하나님은 자유와 기쁨,
환희와 은총으로 충만하게 하셨다.

여든이 넘은 나이에도 불구하고
자야싱 목사는
아직도 오르지 못한 산 너머 마을을 찾아
새로운 길을 만들고 있다.

48년

_ 인도 할머니

'헌신'commitment 이라는 단어는
'신뢰' 혹은 '담보'라는 의미를 담고 있다.
단순히 "얼마나 많은 일을 했는가?"보다는
"행위 안에 얼마나 많은 신뢰를 담아내는가?" 하는
행위자의 마음을 알아보기 때문이다.
헌신에는 자발성과 지속성이 있어야 하고,
누군가의 평가를 기대하지 않고,
상대를 향한 신뢰와 사랑이 담겨 있어야 한다.

특별한 헌신으로 하나님을 사랑하고

믿음의 식구들을 사랑했던
89세 인도 할머니에 관한 이야기다.

할머니의 나이 41세 때,
조금 특별한 마음을 하나님이 주셨다.
배운 것도 가진 것도 없었지만
교인들에게 따뜻한 밥 한 끼
해 먹이고 싶다는 바람이었다.

매주일 교회 앞마당에 대형 솥을 걸고
물을 길어와 쌀을 씻어 안치고,
장작불을 피워 밥을 짓기 시작했다.
누가 하라고 등 떠밀지 않았지만
맛있게 먹어 주는 교인들을
바라보는 것이 기뻤고,
자신의 섬김이 누군가에게 위로가 된다면
그것으로 족했다.
사람들에게 대가나 칭찬을 기대하지 않았다.
그냥 예수가 좋았고,
낡은 움막집 교회에서 함께 예배드리는
교인들이 사랑스러웠다.

그렇게 한 끼 한 끼 밥을 짓다 보니
어느새 48년이 지났다.

할머니의 섬김을 통해
교인들은 섬김의 의미를 배우고,
지속적이고 반복적인 사랑의 나눔에 참여하면서
사람들은 진정한 헌신의 가치를 깨닫게 되었다.

헌신은 사랑과 신뢰에서 시작할 때
그 향기가 깊고, 멀리, 오래 퍼져 나간다.

노예들의 합창
_ 지겐발크

누군가 계속해 걸어가야 그 흔적이 모이고 모여
숲속에 길이 난다.

인도에서 최초로 개신교 세례를 받은 사람은
트랑코바르_{Tranquebar}*에 있는
덴마크 총독의 노예들이었다.
총독 관저에서 일하는 세 명의 인도인 노예는
자신들을 옭아맨 사회적 사슬인 카스트_{caste} 보다

··················

* 트랑코바르(Tranquebar): 오늘날의 타랑감바디(Tharangambadi)로 인도 타밀나두주의 도시다.

영혼을 옥죄는 카르마_{karma, 업보}의 올가미에서
벗어나고 싶었다.
길을 물었지만 알려 주는 이가 없었고,
함께하고 싶었지만
총독부 관리들을 위한 유럽인 교회는
노예들에게 문을 열어 주지 않았다.

어느 날, 인도인 노예에게
관심을 보이며 말을 걸어오는
바르톨로매우스 지겐발크_{Bartholomäus Ziegenbalg}*라는
사람이 있었다.
그는 트랑코바르에 정착한
최초의 개신교인 인도 선교사였다.

노예 세 명은 지겐발크 목사에게
성경을 배우기 시작했다.
매일 2시간씩 6개월간 이어진 성경 공부는
노예들에게 새 하늘과 새 땅에 대한 소망과

....

※　지겐발크(Ziegenbalg, 1682-1719): 독일인으로 남인도의 트랑코바르를 중심으로 선교 사역을 한
최초의 유럽인 선교사다. 성경 번역, 현지인을 위한 예배, 여성들에게 교육 기회를 제공함으로 인
도 사회의 변화를 이끌었다.

예수 안에서 변화된 새로운 피조물에 대한
꿈을 꾸게 했다.
노예들과 함께하는 소박한 모임에는
현실에 대한 불평이나
더 나은 삶에 대한 제안은 없었다.
오직 '온전히 경건한 삶'과
'그리스도와 연합한 삶'이
그들의 관심사였다.

1707년 어느 수요일,
독일군 병사들의 축하를 받으며
노예들은 세례를 받았다.
이날은 인도에서 유럽인들과 노예들이
함께 주님을 노래하며
떡을 떼고 그리스도의 피와 살을
기념한 첫 예배였다.
복음이 사회적 경계를 넘어
유럽인과 인도인 노예들을
그리스도 안에서 하나로 연합시킨
축복의 날이었다.

300년 전,
트랑코바르 뱅골만 해안 마을에서 부른
노예들의 합창은 데칸고원을 지나
히말라야를 향해 울려 퍼지기 시작했다.

누군가 처음으로 뜻을 가지고
선택하며 간 곳에 흔적이 남고,
그 흔적들이 모여 길이 난다.

고양이 목에 방울 달기
_ 마이클 존

고양이의 횡포를 피할 궁리를 하던 쥐들이
생각해 낸 것이
'고양이 목에 방울 달기'라는 이야기가 있다.
그러나 고양이 목에 방울 달기가
묘안이 되기 위해서는
누군가 목숨을 걸고
고양이 목에 방울을 달아야 한다.

아무리 명분이 좋아도
위험을 무릅쓰고 일할

적임자를 찾기는 쉽지 않다.

인도 고등법원 판사인 마이클 존_{Michael John}은
사사로운 이익을 좇지 않는
판결과 정의로운 원칙으로
사람들에게 존경과 사랑을 받는다.

인도 유력 정치인 중 한 명인 주지사가
뇌물수수 혐의로 재판을 받게 되었다.
사람들은 주지사의 무죄를 예상했다.
정치인들의 부정부패는 일상이기에
어지간해서는 유죄 판결을 받아내기가 어렵다.
정치인들의 부패 혐의가 밝혀지면
공생 관계에 있던 유력 인사들에게도
만만치 않은 타격이 가기 때문에
어지간하면 덮고 넘어간다.
그 때문에 보통 재판이 열리기까지
십수 년의 시간이 걸리기도 한다.

마이클 판사가 어떤 판결을 내릴 지
많은 사람이 관심을 가졌다.

그런데 사람들의 예상과는 달리
그의 판결은 단호했다.
"징역 4년, 추징금 200억!"
부패 정치인에게 유죄를 선고한 것이다.
그는 고위 공직자 사회에서 꺼려하는
고양이 목에 방울을 다는 일을 해냈다.

이 재판으로 마이클 판사는
중앙 정부와 지방 정부의
'부패의 공생관계'라는 역린을 건드렸다.
사람들이 그에게
정치적인 고려를 하지 않은
판결 배경에 대해 물었다.

마이클 판사는
목에 걸린 십자가를 만지작거리며
이렇게 대답했다.

"내 목에 걸린 십자가를 버린다면,
나도 남들처럼 (청탁 받고, 뇌물 받고)
재판을 할 수 있습니다.

그러나 내 목에 십자가가 걸려 있는 한
나는 언제나 정의로운 선택을 할 것입니다."

믿음의 삶을 살아내기 위해
때로는 십자가를 지는 심정으로
선택해야 하고
위험을 감당하기 위해 용기를 내야 한다.
그렇게 선택하며 살아갈 때
하나님이 기뻐하는 역사의 수레바퀴를
조금씩 굴릴 수 있기 때문이다.

데비다스와 아버지
_ 매튜

매튜가 마을에 들어서면
수십 명의 아이가
'아빠'Appa* 하면서 달려 나온다.
데비다스Devidas 마을에서 사역하는
전도자 매튜는
아이들에게 '아빠'라고 불린다.

지금은 거의 사라졌지만,

....

* 아빠(Appa): '아버지'를 뜻하는 남인도 단어.

인도에는 '데비다스'라는 신전 창기 제도가 있다.
데비다스는 '신의 여자'라는 의미다.
그러나 실상은
어려서 가난 때문에 버려졌거나
부모에 의해 신에게 바쳐진 여자아이가
사원에서 먹고 자라면서
신전 창기가 된다.
이들은 사원에서
신을 위해 노래하고 춤추고
신전의 허드렛일을 거들면서
사제들의 욕망을 해소하는 일까지 떠맡는다.

데비다스로 살아가는 여자들은
자신들의 비참한 현실에 대해
전생의 업보 때문이고,
신이 자신들에게
허락한 운명이라고 받아들인다.

이들이 사제들과 사이에서 낳은 아이들은
'하리잔'_{Harijan, 신의 아들}이라 불린다.
누구의 아이인지 모르니

부양의 책임을 물을 수 없다.

일정 나이가 되면
데비다스들은 사원 근처 마을에 나와
독립된 생활을 하지만
마땅한 생계 수단이 없어
몸을 팔아 생계를 꾸려 나간다.

전도자 매튜는 마을을 방문해
여인들에게 수공예품을 만드는 기술과
옷을 만들고 수선하는
재단 기술_{tailoring} 을 가르쳤다.

과거의 삶과 선택은
자신들의 의지가 아니었지만,
미래의 삶은
스스로의 의지에 달렸다며
데비다스 출신 여인들을 설득했다.
옛날의 익숙한 삶을 따라가게 되면
그것이 당신들의 운명이 된다며
여인들에게 새로운 선택을 하도록 응원했다.

매튜는 데비다스들의 분노와 슬픔에
깊이 공감했고,
변화된 삶을 위해 함께 일하는
공동체를 세워 갔다.
여인들은 공동 작업장에서
생계를 이어갈 방편을 마련했고,
아이들은 학교에 다니기 시작했다.

데비다스의 아이들 가운데는
아버지의 성이 없는 경우가 많다.
어느 날인가 학교에서 돌아온 아이들이
매튜에게 이렇게 말했다.

"아빠Appa, 학교 생활기록부에
아버지 이름을 쓰는 항목이 있는데
목사님 이름을 써 넣었어요."

혈통 중심의 사회에서
아버지 이름이 없다는 것은
차별과 편견의 대상이 되고,
교육이나 신분 상승의 기회도

차별받는다는 것을
매튜는 잘 알고 있다.
그는 육신의 아버지는 아니지만,
아이들에게 아버지와 같은
울타리가 되어 주기로 뜻을 세웠다.

사람들이 그를 향해 손가락질하고
적대적인 태도를 보이는 경우가
종종 있다.
그러나 자기를 통해 아이들이
'아빠'라는 이름에 담긴
사회적 책임과 사랑의 가치를 배우고,
하나님을 '아버지'라고 부르는 데
디딤돌이 될 수 있다면
어떤 비난이나 배척, 모욕도 견뎌 내기로 했다.

보이지 않는 카르마와 선택하지 않은 운명에
미래까지 사로잡힌 데비다스 마을에
전도자 매튜*는

....

※　전도자 매튜(Matthew)는 현재 남인도의 카르나타카를 중심으로 데비다스 마을 사역에 헌신하고 있다. 매튜(마태)는 아람어로 '(하나님의) 선물'이라는 의미가 있다.

자기 이름의 의미처럼
기쁨을 가져다주는 선물이 되었다.
그리고 하나님 아버지의 형상을 드러내는
통로가 되었다.

3장

고난의
골짜기에서
노래하는
사람들

순종의 열매가 항상 달콤하지는 않다
_ 조슈아

조슈아 목사*는 히말라야 끝자락에 위치한

인도 산지 부족 출신이다.

어려서부터 운동 신경이 뛰어난 그는

축구 선수가 되고 싶었다.

그러나 목사가 되라는 아버지의 말씀에 순종해

신학교에 입학하기로 했다.

육신의 아버지 말에 순종하는 것도

하나님의 말씀에 순종하는 것이라고

....

* 조슈아 목사(가명): 현재 인도 북동부 지역에 있는 산지족 마을에서 교회 개척과 상담 사역을
하고 있다.

생각했기 때문이다.

조슈아는 신학교 면접에서
지원 동기에 대해 질문을 받았다.
"아버지 말씀에 순종하기 위해
신학교에 지원하였습니다."

스스로 원해서 선택한 길은 아니었지만
신학교 생활은 나름 만족스러웠고,
신학교를 마치고
히말라야 산지족을 대상으로
복음을 전하는 것이 기뻤다.

어느 날 기적처럼
조슈아에게 미국에서 공부할 기회가 찾아왔다.
히말라야 산골짜기를
세상의 전부처럼 알았던 조슈아는
미국에 있는 프린스턴신학교에 입학했다.
남들보다 더 많은 노력과 시간이 필요했지만,
'그리스도인의 자살 예방과 상담'이라는 주제로
상담학 박사학위를 받았다.

그리고 미국에 있는 교회에서
담임목사로 사역할 기회가 주어졌고,
아이들도 안정된 미국 생활을 좋아했다.

몇 년 후, 인도에 있는 지인들을 통해서
히말라야 산지 부족을 위한 작은 교회를
맡아 줄 수 있겠느냐는 기별이 왔다.
많은 사람이 안정된 미국 생활을 포기하고
인도로 돌아가는 것은
어리석은 선택이라고 만류했지만,
조슈아는 인도로 돌아가기로 했다.
삶의 목적을 성공과 안정된 삶에 두지 않고
순종하는 것에 두었기 때문에
결정하는 일이 크게 어렵지 않았다.
그의 인생에서 '순종'은 가장 가치 있는 행위였고,
하나님의 부르심을 좇아가는 것이
가장 수월한 길이라고 믿었다.

그러나 고등학교 3학년이 된 아들은
만약 자기가 인도로 돌아가면
학교생활에 제대로 적응하기 어렵고

루저Looser, 실패자가 될 것이라며 미국에 남겠다고 했다.
아들의 뜻을 존중해 홀로 미국에 남겨 두고
가족은 인도 산지 마을로 돌아왔다.

그런데 오래지 않아
미국에 홀로 남은 아들이 우울증을 앓았고,
가족과 함께 살 수 없는 현실에 대해
어려움을 토로해 왔다.
전화선을 통한 아버지와 아들의 대화는
일반적인 격려와 당부 외에는
딱히 해 줄 수 있는 것이 많지 않았다.
그저 하나님께 아들을 맡기고 기도했다.

아들이 대학에 입학한 지 몇 달 지나지 않아
청천벽력 같은 소식이 미국에서 전해졌다.
사랑하는 아들이 우울증을 앓다
스스로 목숨을 끊었다는 것이다.
감당하기 힘든 고통이었고,
믿기지 않는 현실 앞에서
하나님께 "어떻게 이러실 수 있느냐?"며
악을 쓰다시피 하소연했다.

그러나 마음에 들어앉은 분노와 좌절,
고통은 사라지지 않았다.

말하기 좋아하는 사람들은
미국에서 '자살 예방과 상담'으로
박사학위까지 받은 사람이
자기 자식 하나
제대로 건사하지 못했다고 수군거렸다.
그들의 눈빛과 위로하는 말이
때로는 비수처럼 찔러 왔다.
하나님의 부르심에 순종했고,
교회의 부름에 순종한 결과가
이렇게 고통스러운 현실이라는 것을
받아들일 수가 없었다.

사람들의 시선이 부담스러웠고,
아버지로서 아들을 지키지 못했다는 자책
그리고 오랫동안 쌓은 지식과 경험이
아무런 도움이 되지 못했다는 것이 고통스러웠다.
물어도 답이 없는 의문 앞에서
가장으로서, 사역자로서, 아버지로서

자신의 삶을 부정하고 싶었다.

헤어 나올 수 없는 좌절감과 우울함,

그러면서도 숙명처럼 사람들 앞에 서서

생명의 가치에 대해서 설교해야 하는

자신의 삶이

이중적으로 보여 잠들 수 없는 날이 많았다.

하나님 앞에서 분노와 절망이

시시때때로 눈물로, 한숨으로,

허공을 향한 울부짖음으로 터져 나왔다.

오랜 기도와 신앙적 투쟁이 계속되면서

아들을 마음에 묻기로 했다.

그리고 아들과 유사한 질병을 앓거나

삶의 언저리에서 고통당하는

이들을 돕기 위해

'자살 방지 센터'를 세웠다.

히말라야 끝 언저리에 자리 잡은

산동네와 부족 마을에서

무수한 젊은이와 학부모가 찾아왔다.

그렇게 많은 사람이

정신적으로 병들었지만 돌봄 받지 못했고,
생과 사의 갈림길에서 갈등하고 있는지
미처 몰랐다.
조슈아에게 살아야 할 목적이 생겼다.
마음이 병들고, 삶에 대한 희망이 꺾인
사람들을 만나 보듬어 주고,
그들 곁에 머물러 주는 것을
그의 남은 사역이라 생각했다.

그에게 순종의 열매는
결코 달콤하지 않았다.
그럼에도 불구하고
순종의 길을 선택할 수밖에 없는
자신의 운명 앞에서 신발 끈을 조여매고,
아들의 이름이 새겨진
자살 방지 센터로 난 샛길을 오르며
오늘 만나게 될 생명을 위해 기도한다.

산도시네 황소 이야기

_ 산도시 아버지

산도시 아버지는
전기가 들어오지 않는 외딴 마을의 전도자다.
10여 년 전 교회가 없는 마을을 찾아 떠돌다
정착한 곳이 간지뿌람_{Kanchipuram} 외곽에 있는
작은 동네다.

'이슬만 피할 수 있으면 되었지!' 하는 생각으로
통나무 기둥을 세우고,
야자나무 잎을 엮어 지붕을 씌워
예배처로 사용하고 그곳에서 생활했다.

벽 사면이 뚫려 있어
가끔 들짐승이 들어오기도 했지만,
그나마 가족이 한뎃잠은 피할 수 있는 것으로
위로를 삼았다.

아버지는 아들이
행복한 사람이 되었으면 하는 바람으로
'산도시'_{Santoshi}*라는 이름을 지어 주었다.

산도시의 집에는
재산 목록 1호인 황소가 한 마리 있었다.
산도시가 어려서부터 함께 자란 가족이다.
매일 아침 소젖을 짜는 것은
산도시의 몫이었고,
엄마는 그것으로 빠니르_{Paneer}**를 만들거나
발효시켜 요구르트_{yogurt}를 만들어
반찬 대용으로 사용한다.
손님이 왔을 때는

....

* 　산도시(Santoshi): '행복'이라는 의미.

** 　빠니르(Paneer): 인도식 치즈.

우유로 짜이Chai*를 끓여 내기 때문에
식구들이 돌아가며 애지중지 돌봤다.

그런데 어느 날 큰 사고가 일어났다.
동네의 다른 황소가 교회 마당에 들어와
산도시네 소와 싸움이 벌어졌다.
두 마리 소는 뿔을 맞대고 한참을 싸웠지만,
순둥이 주인을 닮은 산도시네 소가
무참하게 지고 말았다.
몸 여기저기에서 피가 흐르고,
다리를 절며
제대로 일어서지 못할 정도로
큰 상처를 입었다.
어쩌면 죽을지도 모른다고
사람들이 혀를 차며 수군거렸다.

"목사네 소가 다쳐서 다행이다.
힌두교인이 사는 마을에서 동네 소가 다쳤으면
저 집 쫓겨나는 거지!"

....
*   짜이(Chai): 우유를 탄 인도식 홍차.

사람들의 이야기를 들으면서
산도시 아버지는 한마디 내뱉는다.
"그래도 우리 소가 다쳤으니 다행이다.
이 일 때문에
전도의 걸림돌이 되지는 않겠지!"

산도시 아버지는
풀이 죽어 있는 가족들을 위로하지만,
그의 갈색 피부 아래로는
절망의 다크서클이 피어오른다.

데바 울라얌

_ **나다 부족**

인도에서 숫자 '3'은 불길한 숫자라고 한다.
그러나 세 개의 강과 세 개의 바다가 만나는 곳은
신령한 기운이 역사하는 성지라 여겨
힌두교 순례자들이 모여든다.
동쪽의 뱅골만, 남쪽의 인도양
그리고 서쪽의 아라비아해가 만나는
가냐꾸마리Kanyakumari 는 오랫동안 힌두교 성지로
수많은 순례객이 찾는 곳이다.
그러나 힌두교 성지라는 이름의 무게만큼이나
가냐꾸마리 지역 안에는 종교적 관습이 견고하고,

카스트에 따른 차별이 심했다.

나다_{Nadar} 부족은
마을의 공동 노비 카스트에 속했다.
그들은 상위 힌두 카스트들의 허드렛일을 하거나
사원을 돌보는 일,
주민들의 크고 작은 일을 위해
노동력을 제공했지만
자신의 의지에 따라 선택할 권리가 없었다.
"노"_{No}라는 자기 의사 표시보다는
상위 카스트에 대한 복종만 강요받았다.
마을의 더러운 곳을 청소하거나
필요할 때면 밤이고 낮이고
힌두 카스트의 일을 돕기 위해
불려나가기도 했다.
그러나 나다는
노동력 제공에 따른 대가를 요구할 수 없었다.
주면 먹고, 부르면 가고, 때리면 맞아야 하는 …
마치 말을 알아듣는 가축처럼 사는 것이
나다의 운명이었다.

그리고 나다 여성들은
가슴을 가릴 수 없었다.
사회적으로 천한 존재인 나다가
부끄러움을 느끼거나
또 신체의 일부를 가리는 것을
상위 카스트는 허락하지 않았다.

나다는 겹겹이 쌓인 설움을 풀 곳이 없었다.
세 개의 바다가 만나는
가냐꾸마리의 성스러운 물에 들어가도
나다의 한과 설움은 씻어낼 수 없었다.

어느 날 '빼랑기'*라 불리는
외국인이 마을을 찾아왔다.**
그는 신의 차별 없는 사랑을 이야기하고,
하나님의 은총은
카스트에 따른 차별이 아니라
믿음을 통해 주어진다고 했다.

....

* 빼랑기: 피부가 하얀 외국인을 일컫는 말.

** 18세기 초반에 개신교 선교사들이 나다 부족을 대상으로 복음을 전하면서 집단 개종이 일어났다.

'이번 생은 저주 받은 인생'이라고
푸념하며 살았지만,
빼랑기의 가르침을 들으면서
생각이 바뀌었다.
지금까지 가축보다 못한 삶을 살아 왔지만
예수를 믿으면서
새로운 세계가 열리는 것 같았다.
진리로 새로워진 사람은
종교적 관습과 전통에 얽매이지 않고,
세상의 법과 이치로 묶을 수 없는
자유자의 삶을 성령 안에서 누리고,
하나님을 예배하기 위해
칠일 중 하루를 구별하여 드린다는 가르침에
자신들의 운명을 걸기로 했다.

예수를 믿고 난 후, 나다 부족은
상위 카스트에게
"노"No 라고 대답하기 시작했다.
일요일에 노동을 요구하는
힌두 카스트의 지시에 대해
"할 수 없다!"라고 거절했다.

"6일은 당신들을 위해
울라얌_{Ulayam, 노동}을 할 수 있습니다.
그러나 제7일은 우리가 섬기는 하나님을 위해
데바 울라얌_{Devaulayam, 신을 위한 노동}을 하는 날입니다."

일요일에는 상위 카스트를 위해 동원되는
울라얌을 거부하고,
대신에 하나님을 위한 거룩한 노동,
'데바 울라얌'이라는 예배를 드리기로 선택했다.
목숨을 건 일이었지만,
스스로의 의지로 선택하고 결정했다.
이 땅에서 울라얌을 하는 것은
세상이 정한 관습이지만,
하나님을 위한 예배,
'데바 울라얌'은 하나님이 정한 이치라 믿었다.

데바 울라얌을 선택한 나다에게
놀라운 일이 일어났다.
그동안 짐승처럼 태어난 운명을 저주했지만
어느 때부터인가 노래할 수 있었다.
하나님이 나다의 얽히고 설킨 한과

설움을 씻어냈다.
편견과 착취가 당연했지만,
하나님을 섬기는 백성으로 살기 위해
데바 울라얌을 선택했더니
하나님은 나다의 종교적, 사회적 사슬을 끊고
그들을 자유자로 살 길을 찾게 하셨다.

오랜 시간이 지나,
나다 후손들은
울라얌에 착취 받는 천민 집단이 아니라
남인도의 경제, 교육, 문화, 정치 분야에서
뛰어난 지도력을 발휘하는
공동체가 되었다.

현생의 삶에 매여 되는대로 살면
되는 것이 하나도 없다.
그러나 뜻을 세워 선택하며 가는
개인과 공동체에게는
새로운 길이
그들의 운명을 만들어 간다.

오이 장수

_ 쿠마르

쳉갈파뚜_{Chengalpattu}로 향하는 신작로에
버스가 멈춰 서면
흙먼지가 자욱하게 일어난다.

쿠마르_{Kumar}는 버스가 잠깐 정차하는 동안
승객들에게 1루피_{한화 15원}짜리 오이를 팔기 위해
뿌연 먼지를 뚫고 쏜살같이 버스에 올라탄다.

"벨라리, 벨라리 …
원 루피 … 벨라리 원 루피."

더위와 먼지로 칼칼한 목을 달래기 위해
승객들은 바구니 안의 오이를 집어 든다.

쿠마르는 새벽시장에서 오이를 받아 와
버스 승객들을 대상으로 오이를 팔아
근근이 생활한다.
나이 서른에 배운 기술도 없고,
부모에게 물려받은 재산도 없다.
비슷한 처지의 아내를 만나 결혼해
네 살짜리 어린 아들을 두었다.
불가촉천민들이 사는 마을에 살면서
길거리 장사라도 하지 않으면
가족들 입에 풀칠하기도 버겁다.
종일 오이 바구니를
머리에 이고 다니다 보면
천근만근의 무게를 느낀다.

다른 사람들의 갈증을 덜어 주기 위해
길거리에서 오이를 팔지만,
정작 쿠마르의 심령은 늘 목이 마르다.
나아질 것 같지 않은 현실,

'행여나 어린 아들이
자기와 비슷한 삶을 살게 되지 않을까?' 하는
두려움과 염려 그리고 사회적 차별은
쿠마르의 어깨를 더 무겁게 짓누른다.

온종일 쳉갈파뚜 터미널 근처를 배회하며
오이를 팔아도
이것저것 떼고 나면
100루피 한화 1,500원 정도 남짓 손에 쥘 수 있다.
매캐한 매연에 목이 따갑고
뒤집어 쓴 먼지에 살갗이 쓰리지만,
세 식구의 생명줄이
오이 바구니와 자신의 몸뚱이에
달렸다고 생각하면 일을 멈출 수가 없다.

어느 날 한국에서 온 선교사가
자신들을 위한 교회와
목회자 교육을 위한 아카데미를
세운다는 소식을 들었다.
쿠마르도 선교사가 인도하는
부흥회에 참석한 적이 있고,

선교사는 십여 년 전부터
교인들과 함께 어울려
마을에서 사역했기 때문에
어느 정도 그에 대해 알고 있었다.
선교사는 한국에서 돈을 가져와
교회를 지어 주는 것이 아니라
인도인들의 헌신과 참여를 요청했다.

"앞으로 짓게 될 교회는
여러분과 여러분의 자녀들이
하나님을 예배하는 장소가 될 것입니다.
그리고 이 마을에 사는 사람들은
이곳을 통해
하나님의 말씀을 듣게 될 것입니다.
이곳에 교회를 건축하는 것은
다른 사람의 사명이 아니라,
바로 여러분의 사명입니다.
함께 갑시다!"

선교사의 말에 공감한 사람들 가운데 일부는
근처 냇가에서 모래를 퍼 오고,

어떤 사람들은 벽돌공장에 가서
벽돌이라도 형편 되는 대로 사 왔다.
뻔한 살림살이에도 불구하고
다들 주님을 위해
무엇인가 할 수 있다는 생각에 들떠 있었다.

어느새 쿠마르의 마음에도
작은 헌신의 불꽃이 붙었다.
전에는 '나는 가난하니까, 가진 것이 없으니까,
나 말고도 다른 사람이 하겠지!'라고 생각했는데,
갑자기 자기가 가진 가장 소중한 것을
주님께 드리고 싶다는 생각이 들었다.
집 안 옷장 속에는
지금까지 그가 아등바등 모아 온
얼마의 돈이 있다.
은행에 맡기는 것도 두려워
돈이 생길 때마다 악착같이 모은 돈이다.
자신의 땀이고, 생명이고
자기와 어린 아들의 미래가 달린 돈이다.
그 생명 같은 돈을
교회 짓는 데 드리고 싶은 마음이 생겼다.

막상 봉투에 돈을 담으려고 하니
손끝이 약간 떨리는 것 같았다.
숨을 길게 들이마시고
평생 모은 소중한 돈을
호주머니까지 뒤져
동전 한 개까지 빠짐없이 봉투에 담았다.
25,300루피!

쿠마르는 신작로에서 흘린 땀과 눈물,
아들의 미래까지 모두
봉투에 담아 하나님께 드렸다.*

....

＊　현지인들의 헌신과 기도, 물질적 후원으로 현지인 전도자들을 훈련시키는 '코너스톤 목회자
아카데미'(Cornerstone Pastoral Academy)와 '영원 사역'(Eternal Ministry) 교회가 세워졌다.

Someday
_ 샹그리아나

사람들은 그녀의 아버지를 '영웅'이라 불렀다.
미얀마와 인도 국경 사이에 있는
산지족 출신임에도 불구하고
그녀의 아버지 샹그리아나_{Shangriana} [*]는
인도에서 전설적인 인물로 존경을 받았다.
소년들은 샹그리아나에 관한 영화를 보면서
명예, 사랑, 열정, 우정, 신념, 헌신에 대한
가치를 배우고 꿈을 키웠다.

....

＊ 샹그리아나(H. T. Sangliana, 1943-): 인도와 미얀마 국경 지역인 미조람(Mizoram)주에서 태어났으며, 벵갈루루(Bengaluru) 경찰청장과 국회의원을 지냈다.

그러나 그녀는 아버지에게서 영웅의 흔적보다는
불쌍한 사람들과 함께 우는
인간 예수의 그림자를 발견하곤 했다.
샹그리아나는
호의호식하는 자리를 탐하기보다
청백리의 삶을 추구하고,
막강한 권력을 가졌으나
약자들의 편에 섰고,
폭동과 시위 현장에는 누구보다 먼저 달려가
흥분한 사람들을 설득하고
보호하는 데 앞장섰다.
정의와 사랑이 균형 잡힌 그를
사람들은 '히어로 캡'_{Hero Cap} 이라 불렀다.

어느 날, 특권을 부담으로 여기고
사람들 속에서 함께 살아가던
샹그리아나의 딸이
슈퍼마켓에서 집단 폭행을 당했다.
계산대에서 사람들을 밀치고 새치기하던
사내들에게 줄을 서 달라고 부탁하자
불량배들은 거칠게

"너희 불가촉천민들은 꺼져!
너희 이방인outsider들은 이런 취급을 받아도 돼!"라며
머리를 잡아 넘어뜨리고
무차별 폭행을 했다.

인도에서 막강한 권력을 가진 사람의 딸이
대낮에 인종 차별과 함께
집단 폭행을 당했으니
인근 파출소가 발칵 뒤집혔고,
불량배들은 순식간에 체포되었다.
폭행당한 라헬의 언니 레베카는
동생이 인종 차별의 희생자가 된 것에 대해
이런 글을 남겼다.

"언젠가는 사람들이 피부색이나 얼굴 생김
혹은 종교와는 상관없이
우리 모두 같은 색의 피를 흘리고
심장은 똑같이 박동 치며,
우리는 고통과 기쁨도 같은 방식으로
느끼게 된다는 것을 깨닫게 될 것입니다."

길을 잃다

_ 제임스

산속 마을의 전도자 제임스*는
늘 어깨가 무거웠다.
그는 어려서부터 가족의 생계와
누이들의 인생까지 떠맡았다.

다섯 살 무렵부터
그는 학교 대신에 남의 집 허드렛일을 해 주는
심부름꾼으로 취직해 돈을 벌어야 했다.

....

※   제임스는 현재 안드라프라데시(Andhra Pradesh)주와 타밀나두(Tamil Nadu)주 접경 지역 오지 마
을에서 복음을 전하는 전도자로 사역하고 있다.

십 대 때는
누이들의 다우리_{Dowry}*를 마련하기 위해
철공소에 다니면서 돈을 모았다.
다우리를 넉넉하게 준비해 가지 못한 여자들이
시댁에서 어떤 수모를 겪는지 잘 알기 때문에,
소중한 누이들을 위해
그는 죽을 각오로 돈을 모았다.
큰누이를 결혼시키고,
둘째 누이를 결혼시켰다.
없는 살림에 겨우 구색을 갖춰
결혼식을 치르고
무소식이라도 좋으니
누이들이 잘 살기를 바랐다.

하지만 결혼한 지 수개월 만에
큰누이가 쫓겨 왔다.
그리고 둘째 누이가
소박맞아 친정으로 돌아왔다.

....

※ 다우리(Dowry): 신부 지참금 제도. 인도에서 결혼하는 신부는 시댁에 가져갈 지참금을 마련해
야 하는데, 현금이나 보석 혹은 현물을 준비해 가야 한다. 가정 폭력의 첫 번째 이유 중 하나가 다
우리이고, 이것 때문에 어린 여아들이 유기되는 경우가 많다.

다우리를 넉넉히 챙겨 오지 않았다며
남편들이 누이를 때리고
돈을 가져 오라고 쫓아낸 것이다.

"컬러텔레비전을 사 와라!"
"오토바이를 사 와라!"

맡겨 놓은 것도 아닌데
매부들의 요구 사항은
꽤나 구체적이면서도 악질적이었다.
누이의 검은 피부 위로
구타 흔적이 보였고,
뼈를 다쳤는지 누이들은
돌아누울 때마다 끙끙 앓는 소리를 냈다.

제임스가 이른 새벽
주님 앞에 엎드려 기도할 때면
별별 생각이 지나갔다.

'빚을 내서라도 컬러텔레비전을 사 주면
누이의 결혼 생활이 더 나아질까?'

'살날이 구만리 같은 누이에게
더 참고 살아야 한다고 잘 타일러
그 지옥 같은 집으로 돌려보내야 할까?'

몇 날씩 먹지 않고
주님 앞에 매달려 보지만
그의 기도가
돈에 묶이고, 현실에 묶여
제자리를 빙빙 도는 것 같았다.
제임스는 기도하다 길을 잃어버린 것 같아
더 서러워지고
한번 터진 눈물샘은 쉬 닫히지 않았다.

저 산 너머로
_ 차웅가와 로충아 1

사람들은

인도 북동부 마니뿌르_{Manipur} 산악 지대에 사는

흐마르_{Hmar} 부족을

'인간 사냥꾼'_{Head hunters} 이라 불렀다.

흐마르 전사들은

호랑이와 독뱀이 우글거리는 밀림을

안마당처럼 내달리고

적의 목을 잘라 자신들의 용맹함을 과시했다.

볕 좋은 어느 날, 부족장의 초대로

키 크고 피부가 하얀 로버츠_{Roberts}라는 외국인이
마을을 찾아왔다.
그는 흐마르 마을에 5일간 머물면서
요한복음 내용을 들려주었다.

흐마르 전사의 아들 차웅가_{Chawnga}는
요한 이야기가 좋았다.
죽은 조상의 영혼을 섬기는 흐마르 부족과 달리
하나님이 세상을 창조했고,
하나님의 아들 예수가 인간의 모습으로 찾아와
하나님의 사랑을 전해 주었다는
이야기는 경이로웠다.
특히 십자가에 죽은 예수가 부활했다는
이야기를 들을 때는
알 수 없는 환희와 기쁨이 가슴에 가득했다.
차웅가는 조상들의 영혼이 아닌
예수를 믿기로 했다.

선교사의 손에 들린 성경책에는
수많은 이야기가 담겨 있을 텐데,
로버츠는 요한복음만 가르치고 산을 내려갔다.

그는 다음에 다시 방문해
나머지 성경책의 이야기를 들려주겠다고 했지만,
그 약속은 지켜지지 못했다.
정부의 명령에 의해
로버츠 선교사는 인도를 떠나야 했다.

차웅가는 선교사에게 전해 들은 요한의 복음을
이웃과 나누지 않고는 견딜 수 없었다.
그는 스스로 전도자가 되어
선교사에게 들은 요한복음을
이웃과 다른 부족 마을을 방문해
전하기 시작했다.

적들에게는 두려움의 대상이요,
용맹을 떨치던 흐마르 전사의 아들이
본 적도 없는 예수를 전한다는 사실에
부족의 수치로 여기는 사람도 있었다.
차웅가는 때로는 몰매를 맞고,
사람들의 거친 말을 들으면서도
원망과 서운함을
마음속으로 삭히는 법을 배웠다.

그러나 사람들의 매질과 핍박보다
견디기 힘든 것은
미처 배우지 못한
성경의 나머지 책들에 대한 궁금증이었다.
하나님의 말씀이 기록된 성경책의
나머지 부분을 읽고 싶었다.
차웅가는 매일 밤 하나님의 말씀을 듣는
행복한 꿈을 꾸었다.

차웅가는 자신의 바람이
어린 아들 로충아를 통해
이루어지는 것을 보고 싶었다.
아들이 정글의 나무를 오르고
강을 건널 만한 나이가 되었을 때,
이렇게 말했다.

"로충아야,
하나님의 남은 말씀을 가져오너라!
우리 부족의 언어로 된
하나님의 남은 말씀을 전해 주어라!"

차웅가는 호랑이가 출몰하고
독뱀이 기어 다니는 정글 속을 뚫고
어린 로충아를
산 아래로 내려 보냈다.
아들의 목숨을 건 일이었다.

'아들이 개울을 잘 건널 수 있을까?
독뱀과 산 짐승을 잘 피해 갈 수 있을까?'
육신의 아버지는
하늘의 아버지께 두려움을 맡기기로 했다.
아들의 생사와 안전도 하나님께 맡겼다.
어린 아들이 내려간 길을 바라보며
하나님께 수없이 도움을 구하면서,
아들이 '하나님 말씀의 전달자'가 되어 돌아오기를
간절히 기도했다.
욕심일 수도 있지만,
어린 아들이 가져온 말씀을 듣고
흐마르 부족이 더는 인간 사냥을 하지 않고
하늘 아버지의 자녀로 살아가는 것을 보고 싶었다.

부족들의 손에서

사람을 죽이기 위한
'Thang' 흐마르 전사의 칼 을 내려놓고
사람을 살리는
예수의 말씀을 붙잡는 것을 보고 싶었다.
하나님이 예수를 세상에 보낼 때,
그 마음이 얼마나 아팠을지
알 수 있을 것 같았다.

차웅가는 생명의 위협이 가득한 정글을 뚫고
먼 세상으로 아들을 내보내며
하나님 아버지의 마음과
자신의 마음이 겹치는 느낌을 받았다.
차웅가는 매일 높은 산에 올라
산과 산이 아득하게 겹치는 곳을 바라보며
오랫동안 기도했다.

"저 산 너머로 내 아들 로충아가
하나님의 말씀을 가지고 올라오게 하소서!"

로충아의 꿈
_ 차웅가와 로충아 2

아들 로충아_{Rochunga}가 기억하는 아버지 차웅가는
사람들에게 맞아 생긴 상처에서 흘러나온 피와
찢어진 옷을 입은 채 지팡이를 짚고
산과 계곡을 넘는 모습이었다.
'빌라도 법정에 선 예수의 모습이
저런 모습이지 않을까?' 하는
상상을 해 본 적이 있다.

흐마르 전사의 후손인 아버지는
수없이 읽어 너덜너덜해진 요한복음을 들고서

정글 너머에 살고 있는,
복음을 듣지 못한 부족들을 찾아
예수를 전했다.
두들겨 맞으면서도 그들을 축복했고
저주의 말을 들을 때면
그들을 위해 정성껏 기도해 주었다.
전사의 용맹함은 버리고
겸손을 옷처럼 입었다.
로충아는 아버지 차웅가의 무기력한 겸손이
어리석게 보여 외면하고 싶을 때도 있었다.
그러나 예수에 대해 이야기할 때
차웅가의 목소리에는 힘이 있었고,
이른 새벽 하나님을 향해 부르짖는 외침은
마치 호랑이의 포효처럼 들렸다.

하나님 말씀이 기록된 성경책을 가져오라는
아버지의 바람대로
어린 로충아는 악어가 출몰하는 강을 건너고,
호랑이의 습격을 피해 나무 위에서 잠을 자고,
독뱀이 우글거리는 정글을 뚫고 나가
도시에 도착했다.

사람들의 도움으로 학교에 입학해 글을 배우고
마침내 대학 교육까지 마칠 수 있었다.

로충아에게 도시 생활은 상당히 만족스러웠다.
정글 생활과는 비교할 수 없을 정도로
즐거운 일이 많았고,
크고 작은 축제로
도시는 언제나 활기가 넘쳤다.
로충아는 고향과 아버지 집,
자신을 향한 아버지의 기대는
까마득하게 잊었다.

아들이 하나님의 말씀을 듣고
오기만을 기다리다 지친 차웅가는
직접 아들을 찾아 나서기로 했다.
물어물어 아들을 찾아갔더니
로충아가 또래 청년들과 함께
술에 취해 몸을 가누지 못한 채
비틀거리고 있는 모습을 보았다.

아버지 차웅가는 정글 깊은 곳으로 들어가

부르짖기 시작했다.
아들의 영혼을 위해 울었고,
아들이 흐마르 부족에게
하나님의 말씀을 가져올 수 있게 해 달라며
거룩한 기대를 품고 부르짖었다.

로충아는 술에 취해 비틀대는 자신을
슬프게 바라보던
아버지의 눈빛을 잊을 수 없었다.
자신에게 실망했을
아버지에 대한 연민과 미안함으로
고향을 찾아 정글로 들어갔다.
도시 생활에 익숙해진 그에게
계곡과 정글은 조금 낯설었다.

고향집에 도착한 로충아는
계곡에서 부르짖고 있는
아버지를 발견하고 충격을 받았다.
아들을 위해 하나님께 절규하며 부르짖는
아버지의 기도 소리가
그의 가슴을 찢어 놓는 것 같았다.

그 순간 흐마르 부족에게 하나님 말씀을 읽히고,
전하는 것이 자신에게는 피할 수 없는
운명이라는 것을 깨달았다.

로충아는 영국을 거쳐 미국으로 건너가
휘튼대학교에서 공부하면서
성경을 흐마르 언어로 번역하기 시작했다.
어린 시절 정글에서 목숨을 걸었던 것처럼
미국에서도 목숨을 걸듯 공부하고
생존을 위해 일했다.
아르바이트와 학업
그리고 성경 번역을 병행하느라
몸은 지쳤지만
흐마르 부족에게 말씀을 가져가야 한다는 의식은
더욱 또렷해졌다.

시간이 지나면서
흐마르 부족의 언어로 번역한 성경 원고가 쌓여 갔고
부족을 향한 사랑과 사명의 기초가 굳어져 갔다.

아버지의 꿈을 이루기 위해 나선 길이었지만

로충아는 그 길에서 자신의 소명을 찾았다.
소명을 붙들었더니
가야 할 길이 분명해진 것이다.

가까스로 흐마르 언어로 성경 번역은 끝냈지만
로충아에게는 성경 출판비 마련을 비롯해
넘어야 할 산이 한둘이 아니었다.
그러나 하나님은
로충아가 바라보는 산 너머로
새로운 인연을 준비하고 계셨다.

깨진 꿈도 열매를 맺는다
_ 차웅가와 로충아 3

아무도 그를 '루저'Looser, 실패자라 부르지 않았지만
왓킨 로버츠Watkin Roberts는 스스로
그런 느낌을 떨쳐 버릴 수 없었다.
선교사로 평생을 헌신한다고 했지만
그의 사역에는 눈에 띌 만한 열매가 없었다.

20대 초반 복음을 듣고 회심한 이후,
그의 모든 삶과 기회를
예수를 위해 드리기로 했다.
그래서 땅끝에 가서 복음을 전하는 마음으로

인도 캘커타를 거쳐

인도와 미얀마 국경 지대인

미조람Mizoram이란 곳에서 사역을 시작했다.

열정이 있었으나 준비되지 않은 부족함이 컸고

뭐라도 할 것 같았지만

현실이 늘 그의 발목을 붙잡는 것 같았다.

어느 날, '인간 사냥꾼'이라 불리는

흐마르 부족으로부터

말씀을 전해 달라는 부탁을 받았다.

흐마르는 외국인과 접촉이 거의 없는

호전적인 부족이라서 초청을 믿을 수 없고,

정글을 뚫고 가기도 힘들 뿐만 아니라

그들의 난폭하고, 잔인한 기질을 믿기 힘들다며

주변에서는 가지 말라고 말렸다.

두려움도 크고 망설임도 있었지만

그 길 위에 모든 것을 걸어 보기도 싶었다.

로버츠는 산을 넘고, 강을 지나

정글 속 깊은 곳에 사는 흐마르 부족을 찾아갔다.

추장의 배려로

부족민에게 성경을 가르칠 기회가 주어졌다.
로버츠는 요한이 쓴 복음서를
5일에 걸쳐 부족민에게 가르쳤다.
부족민 가운데 차웅가라는 어린 소년이
복음에 관심을 가졌고,
예수를 믿겠다고 자신의 결심을 드러냈다.
차웅가는 흐마르 부족의 첫 열매였다.
가르칠 것도 전해 주고 싶은 것도 많았다.

로버츠는 다시 오겠다는 약속을 남기고
산을 내려갔지만
다시 왔던 길로 돌아가지 못했다.
흐마르 부족과 소통한 것을
못마땅하게 여긴 정부에 의해
로버츠는 본국으로 돌아가야 했다.

은퇴 후, 요양원에서 생활하는
로버츠에게는 흐마르 부족에 대한 부채 의식이
늘 남아 있었다.
그리고 자신의 사역에는 열매가 없고
그저 그런 삶을 산 것 같아

열등감과 좌절감이 컸다.

그러던 어느 날, 로버츠는
미국에서 공부하는 인도인들의 모임에 초대를 받았다.
인도 출신 학생들은 돌아가며 자기소개를 했다.

"마니뿌르 흐마르 부족의
로충아입니다."

갑자기 로버츠의 귀에 익숙한 단어가 들렸다.
흐마르 부족!
수십 년 만에 다시 들어 보는 부족의 이름이었고
지키지 못한 약속 때문에
오랫동안 가슴을 죄어오던 이름이었다.

로버츠는 떨리는 마음을 진정시키며
로충아에게 자신의 이야기를 들려주기 시작했다.

수십 년 전,
히말라야 정글을 뚫고 들어가 만난
흐마르 사람들과 함께 보낸 닷새간의 추억과

요한복음을 가르친 이야기를 했다.
다시 오겠다는 약속을 남기고 내려왔지만
강제 출국으로 못 돌아간 사연과
자기의 이야기를 듣고 회심한
'차웅가'라는 소년에 관한 이야기를 들려주었다.
로버츠의 이야기를 듣고 난 로충아는
눈을 반짝이며 대답했다.

"선생님, 차웅가는 제 아버지입니다.
선생님이 전한 복음을 듣고
흐마르 부족의 첫 열매가 되신 분이
제 아버지입니다.
그리고 저는 흐마르 언어로
성경을 번역했습니다.
선생님 사역의 열매가
바로 제 아버지와 저입니다."

차웅가라는 소년에게 뿌려진
복음의 씨앗이 자라
그 아들에게 전해졌고
그 아들이 자라

성경을 흐마르 부족 언어로 번역하고
자기 앞에 서 있는 것이다.
열매 없는, 실패한 선교사의 삶을 산 것 같은
패배감과 열등감에 사로잡힌 늙은 종에게
하나님은 영광의 면류관을 씌워 주셨다.

씨앗의 크기와 굵기가
열매를 결정하는 것이 아니라
하나님의 손에 올려진 헌신의 씨앗은
어느 산, 어느 골짜기에서 뿌려져도
결국에 열매를 맺는다.

4장
·······

은총으로
일상을 사는
사람들

위대한 삶, 단순한 일상

_ 윌리엄 캐리

구두 수선공 출신으로 학위는 없지만
포트 윌리엄 대학교Fort William College의
언어학 교수가 되었고,
40여 개의 언어로 성경을 번역한
윌리엄 캐리William Carey에 관한 이야기다.

그는 성공회 출신이 아니면
정교수가 될 수 없었던 대학교에서
정교수로 은퇴했고
위대한 선교 시대를 여는 마중물이 되었다.

사회적, 문화적, 경제적 배경으로
사람의 능력을 달아보던 시대에
윌리엄 캐리는 시대의 기준을 뛰어 넘고
많은 사람을 꿈꾸게 하고
하나님 나라를 위해 헌신하게 만들었다.

하나님으로부터 위대한 것을 꿈꾸고
하나님을 위해 위대한 시도를 시작했던
그의 삶은 단순한 일상에 기초를 두었다.*

- □ 오전 6시 기상
- □ 히브리어로 성경 한 장 읽기
- □ 가족 기도 모임: 가족과 함께 벵골어로 기도
- □ 아침 식사
- □ 잠깐의 번역 작업
- □ 오전 10시–오후 2시
   : 대학교에서 벵갈리, 산스크리트어, 마라티 강의
- □ 집에 돌아와 산스크리트어 번역
- □ 저녁 식사

....
* 1806년 6월 12일, 윌리엄 캐리 편지 참고.

□ 오후 6시: 부족 방언 연구

□ 오후 7시: 영어 성경공부 인도

□ 오후 9시: 친구들에게 편지를 쓰거나 일기 쓰기

□ 잠자리 들기 전 헬라어 성경 1장 읽기

□ 잠자리 들기

윌리엄 캐리의 삶을 위대하게 만든 것은
반복되는 일상의 삶이었다.
흐트러짐 없이 주어진 시간을 아끼고,
단순하지만 반복되는 일상 속에서
주님을 위해 선택하는 삶을 통해
윌리엄 캐리의
영적 뼈대와 근육이 만들어졌다.

어떤 부흥
_ 무디추르 마을

마을 사람들 대부분이 시바_{Shiva} 신을 섬기는
무디추르_{Mudichur} 마을에 교회가 들어섰다.
홍수가 났을 때에
교회가 잠자리와 먹을 것을 마련해 주거나
혹은 어려운 사람들을 때때로 돕는 경우가 있어
교회는 힌두 공동체와 큰 갈등 없이
적당히 거리를 유지하면서 불편하지 않게 지냈다.

2018년 1월 26일에 일어난 일이다.
교회 청년들은

나라와 민족을 위한 기도회를 준비했다.
스무 명 남짓 청년들이 올 것이라 예상하고
오전 10시경에 기도회를 시작했다.
누가 보낸 것도 아닐 텐데
낯익은 사람들이 교회에 찾아왔다.
기도회가 점점 뜨거워지면서
참석자는 50명, 100명을 넘어섰다.
정오쯤에는 200명의 청년이
좁은 공간에 모였다.

성령이 청년들의 마음을 움직였다.
여기저기서 울부짖는 소리가
터져 나오기 시작했다.
지난날의 죄를 참회하며 부르짖는 소리가
얼마나 컸던지
예배당이 흔들리는 것처럼 느껴졌다.
교회에서 요란한 소리가 들려오자
동네에서 행실이 좋지 않은 한 무리의 청년이
예배당에 찾아왔다.

하늘을 향해 손을 들고 부르짖는

청년들을 기이하게 바라보다가
그들도 예배당 한구석에 자리를 잡았다.
성령은 동네 건달들의 마음을 만지며
죄에 대한 부끄러움과
변화된 삶에 대한 간절함을 주었다.
누가 먼저랄 것도 없이
청년들은 눈물을 쏟아내기 시작했다.
가슴속 깊은 곳에서부터
통회하는 기도를 드렸다.

기도회는 오후 2시까지 계속 되었는데
마치 성령이 인도해 가는 것처럼 보였다.
성령에 붙들린 청년들은
오만함과 배타적인 생활,
우상 숭배에 깊이 몰입했던 것,
부도덕한 삶에 대해 가슴을 치며 참회했다.
하나님의 성령은
그들 가운데 있는 편견과 미움,
그릇된 종교 의식과 죄의 쓴 뿌리를 태웠다.

집회가 끝났을 때, 눈물과 땀에 젖은 채

새로운 삶에 대한 열망으로 가득한
250명의 청년이 그곳에 모여 있었다.
행실이 안 좋은 청년과 착한 청년,
부도덕한 사람과 도덕적인 사람을 나누는
윤리적 기준이나 종교적 편견이 사라졌고
그들은 '사랑의 마음'으로 충만했다.

청년들은 서로를 끌어안고
등을 두드려 주며
"형제님"이라고 부르기 시작했다.
마음속에 있는 미움과 편견,
보이지 않게 존재했던 도덕적 우월감을 갖게 하는
경계선이 사라졌다.
나와 너를 가르는 사회적 경계와
종교적 배타성이 사라지고
그리스도 안에서 변화를 받아
사랑으로 연합된 공동체가
무디추르 작은 마을에서 시작되었다.

부흥은 성령이 사람들 사이에 일으킨
신비롭고 놀라운 화해의 사건이다.

온전함
_ 비자야

비자야_{Vijaya}는 자신의 두 아이가

교회에 가고 싶다고 했을 때 반대하지 않았다.

달리트_{Dalit, 불가촉천민}들이 모여 사는 외딴 마을에

아이들이 갈 만한 곳도,

딱히 할 만한 것이 없었기에

그녀의 아이들이 교회에서 시간을 보내는 것도

괜찮다고 생각했다.

남편 쿠마르_{Kumar}도 크게 반대하지 않았다.

비자야와 쿠마르는 불가촉천민으로 태어나

차별과 편견의 대상이 된 것은
전생의 업보 때문이라고 믿었다.
브라흐마Brahma의 발에서 나왔다는
수드라Sudra보다 더 열등한 존재인 달리트로 사는 것도
자신들의 운명으로 받아들였다.

비자야는 아침마다
인도보리수Peepal Tree에 물을 부으며
가족을 위해 기도했다.
그리고 남편과 아이들이 집을 나설 때마다
작은 신상 앞에 향을 피우고
신두르Sindoor* 가루를 이마에 발라주며
하루의 안녕을 빌었다.
특별히 믿음이 깊어서라기보다는
그것이 일상의 삶이었다.

8살 된 아들 구르Guru와 11살 된 모니카Monika가
교회 다닌 지 얼마 안 되어 예수를 구주로 믿고
그리스도인으로 살겠다고 했을 때에

....

* 신두르(Sindoor): 인도아대륙의 전통 주홍색 또는 주황색·붉은 색의 화장품 파우더.

조금 놀라기는 했지만
아이들의 선택을 인정하기로 했다.
아이들만큼은 부모의 운명과는 조금 다른 선택을 하고
다른 종교를 믿는 것도
나쁘지 않을 것 같다는 생각이 들었기 때문이다.

2020년 3월 31일 자정 무렵,
비자야의 몸에 문제가 생겼다.
숨을 쉴 수도 없고,
다리를 움직일 수도 없는 상태에서
온몸에 마비가 왔다.
늦은 시간이라 외딴 마을에 구급차가 올 수도 없고
도시로 나갈 차편을 마련할 수도 없었다.
하필이면 그날따라
남편은 밖에 나가 돌아오지 않았다.

자다 말고 일어난 아이들은
엄마의 몸이 마비된 것을 보고
두려움에 어쩔 줄 몰라 했다.
비자야는 아이들의 손을 잡아 줄 수도 없고,
말이 목구멍으로 나오지 않았다.

사지가 마비되고 숨을 제대로 쉬지 못해
'컥컥'거리는 엄마를 붙잡고
어린 두 자녀는
갑자기 무릎을 꿇고 기도하기 시작했다.

"예수님, 우리 엄마를 살려 주세요!
고쳐 주세요!"

잠시 후, 아이들은
고통으로 일그러진 엄마의 얼굴을 보면서,
'예수님이 우리 죄 때문에
기도를 듣지 않을 수도 있겠다.'라는 생각이 들자
자기들의 죄를 고백하기 시작했다.
'어린 아이들의 죄가 크면 얼마나 클까?'라고
생각할 수도 있지만
구르와 모니카는 생각나는 대로
죄를 회개하고 엄마를 위해 기도했다.

회개 기도를 드린 아이들에게
힌두 신상과 벽에 걸린 우상 사진이
눈에 들어왔다.

우상과 예수님을 함께 섬길 수 없다는 생각이 들자
구르와 모니카는 집에 있는 우상과 사진들을
가방에 넣어 밖에 버렸다.
순수하고, 깨끗하고, 거룩한 마음으로
예수님께 기도해야 할 것 같았다.
아이들의 기도가 이어지고,
잠시 후에 기적처럼 비자야의 호흡이 돌아오면서
마비된 몸이 풀리기 시작했다.

날이 밝자마자 비자야는 병원에 가서 검사를 했다.
하지만 병에 대한 이상 징후가 전혀 없었다.
비자야는 엄마를 위해 기도하는 아이들의 모습과
눈물의 회개 그리고 예수를 제대로 믿겠다며
집 안에 있는 우상을 쓸어 담아 밖에 버린
아이들의 선택을 잊을 수가 없었다.
비자야는 어린 자녀들이 갖게 된
믿음의 실체가 궁금했고
무엇이 그 아이들을 변화시켰는지 알고 싶었다.

일요일 아침이 되자 비자야는 망설임 없이
구르와 모니카를 앞세우고 동네 교회로 향했다.

이제 그녀의 마음을 사로잡은 것은 예수였다.
영적으로 거룩한 삶을 살기 위해
익숙한 옛 생활과 옛 종교와 관련된 것들을
모두 청산했다.
그리고 새로 발견한 믿음의 삶을 살아내기 위해
마음과 몸, 생각이 거룩해지고
현재의 시간과 다가올 시간이
예수 안에서 온전해지기를 소망하면서
두 자녀와 함께 믿음의 첫발을 떼었다.

물과 불의 시험
_ 프라딥 바기스 필립

초자연적이면서도 논리로 설명할 수 없는
삶을 살아가는 사람들이 있다.
인도에서 가장 영향력 있는
12인 가운데 한 명으로 선정되었고
영국 여왕의 훈장을 받은
인도 최고의 엘리트 경찰인
프라딥 바기스 필립Prateep Varghees Philip*이 그런 사람이다.

....

※   프라딥 바기스 필립(Prateep V. Philip): 인도 경찰청 소속 경찰로 최초로 영국 여왕 훈장을 받았
다. Friends of police라는 경찰 개혁 운동을 이끌고, 여러 권의 묵상집과 리더십 관련 책을 출판했
다. 현재 인도 타밀나두 경찰청장으로 재직 중이다.

그는 어려서부터 두뇌가 명석했고

학습 능력이 탁월했다.

여덟 개 언어를 구사하고

대입 시험에서는 전국 최고 점수를 받았다.

보장된 미래를 위해

인도 중앙은행RBI: Reserve Bank of India에 입사했다.

하지만 안정된 삶에서 오는 만족보다는

인도와 인도인들을 위해 헌신할

하나님의 일꾼이 필요하다는 영감이 계속해 왔다.

다니엘처럼

국가 시스템 안에서 하나님의 뜻을 이루어 갈

사람이 필요하다는 영감을 좇아

그는 중앙은행의 간부직을 사임하고

인도에서 가장 어렵다는

경찰 고시IPS: India Police Service에 합격했다.

연수 프로그램 가운데

생존 수영을 배우는 시간이 있었다.

그런데 필립은 일행과 떨어져 낙오되었다.

필사적으로 강에서 나오기 위해 허우적거렸지만

수영에 익숙하지 못한 그는
그만 급류에 휩쓸리고 말았다.
필립이 실종된 것을 깨달은 일행이
강 주변을 수색했고
한참 후에야 의식을 잃은 채
하류에 떠내려가는 그를 발견했다.
구조대원이 그를 뭍으로 끌어 올려
인공호흡을 했지만
그의 심장은 멈춰 있었다.
수차례 심폐소생술CPR을 시도했음에도
필립의 호흡은 돌아오지 않았다.
인공호흡을 하던 교관이
주먹으로 필립의 가슴을 내리치며
필사적으로 부르짖었다.
"오, 주님! 도와주십시오! 주여!"
그때 기적처럼 필립의 숨이 돌아왔다.

수일 후, 필립은
자신의 생명을 구해 주신 하나님께 감사하며
홀로 예배당을 찾아 기도하고 있었다.
"이사야서 43장 2절을 읽어 보아라." 하는 말씀이

들려오는 것 같았다.
필립은 성경책을 찾아
그 구절을 읽어 내려가기 시작했다.

"네가 물 가운데로 건너갈 때에,
내가 너와 함께 하고,
네가 강을 건널 때에도
물이 너를 침몰시키지 못할 것이다.
네가 불 속을 걸어가도,
그을리지 않을 것이며,
불꽃이 너를 태우지 못할 것이다.
(새번역 성경)"

그가 물의 시험을 통과했지만,
어느 때인가
불의 시험을 통과하게 될 것이라는
암시처럼 들렸다.
엘리트 경찰로서 그는
승승장구했고 거침이 없었다.
그러나 늘 하나님께 기도했다.

"인생의 어느 때,
불같은 시험을 당하더라도
피할 길을 주소서.
은총을 내려 주십시오.
물의 시험을 넘어서게 도우신 주님이
불꽃 속에서도 나를 보호하소서!"

1991년 5월,
그가 스리페룸부두르Sriperumbudur 지역
경찰서장으로 근무할 때
전직 국무총리였던 라지브 간디Rajiv Gandhi가
대규모 선거 유세를 하게 되었다.
이유를 알 수 없는 불안감에 필립은
집회 책임자에게 장소 변경을 요구했지만 거절되었다.
필립이 라지브 간디를
1미터 앞에서 수행해 단상으로 나갈 때
꽃을 든 여인이 라지브 간디를 향해 다가와
허리를 숙였다.
순식간에 일어난 일이었다.
여인의 허리춤에 숨겨져 있던 폭발물이 터지면서
현장에 있던 25명의 사람이 목숨을 잃었고,

수십 명의 사람이 크고 작은 부상을 입었다.
폭발물이 터지는 순간,
필립의 몸은 공중으로 날아올랐다.
그의 몸에는 수백 개의 파편이 박혔고,
강렬한 불꽃에 피부는 녹아 내렸다.

"이것이었구나.
… 불의 시험이 …
이것이었구나. …"

온몸이 타들어 가는 고통과 가물거리는 의식 속에서
주의 은총을 구했다.
화염 속에서도 하나님은
필립을 생명 싸개로 보호하셨다.

오랜 병원 생활과 여러 차례의 성형 수술
그리고 재활 기간을 보내면서
필립은 자신이 공직자로서 해야 할 사명을 깨달았다.
막강한 권력을 가졌지만
가장 부패한 집단이라고 평가 받는
경찰 조직 안에서

정의와 공의의 가치를 드러내는 것이
자신의 사명이라는 확신이 들었다.

그에게 물과 불의 시험은
관념 속의 시험이 아니라 실재였다.
그리고 사망의 깊은 물속에서도
모든 것을 태우는 화염 한 가운데서도 건지시는
하나님의 능력도 실재였다.

물과 불의 시험을 넘어선 필립에게는
두려움이 사라졌다.
마치 제국의 질서 안에서도
하나님의 손에 붙들린 다니엘처럼
필립의 삶은 개인을 위한 것이 아니라
하나님의 영광을 구하며
자신의 조국과 국민들을 위한 삶이 되었다.
그의 선택은 공정했고
불의한 거래와 이권을 요구하는 이들에게는 단호했다.
수많은 경찰이 필립의 삶을 모방하기 위해 따랐다.
그는 변화와 개혁 그리고 신뢰의 상징이 되었다.

부르심의 때와 장소
_ 소피아 1

벵골만 너머로 태양이 떠오르기 전,

소피아는 자기만의 성소에 나아가

기도하는 것이 습관이 되었다.

주어진 모든 것이 감사하고 평안한 날들이었다.

자상하고 부유한 남편,

인도 국영 기업에서 커리어 우먼으로서의 경력에 대해

자부심 그리고 사회적으로나 경제적으로 부족함이 없었다.

남인도에서 태어난 소피아는

부모의 사랑을 많이 받고 자랐다.

신앙심이 남달랐던 부모님의 영향으로
소피아는 힌두 문화권 안에서
그리스도인으로 성장할 수 있었다.

그런데 집안의 울타리였던 어머니가 돌아가시고
크고 작은 어려움이 끊이지 않았다.
어머니가 없는 세상에서 소피아는
살아야 할 이유도 희망도 찾기 어려웠다.
대학을 졸업하고 직장을 찾았지만
남녀 차별이 심한 인도에서
제대로 된 직업을 갖기 어려웠다.
되는 일이 하나도 없는 것처럼 보였다.

어느 날 갑자기 소피아는
삶을 끝내고 싶다는 충동이 들었다.
돌아가신 어머니에 대한 그리움,
삶에 대한 무력감,
스스로에 대한 열등감과 알 수 없는 죄책감으로
소피아는 삶을 끝내고 싶다는 생각에서
헤어 나올 수가 없었다.
스스로 목숨을 끊으려는 찰나,

갑자기 방문이 열리며 오빠가 뛰어 들어왔다.
"소피아! 너에게 기쁜 소식이 있어!"
인도에서 가장 취업하기 어렵다는
석유가스공사ONGC의 합격 통지서가 왔다.

전문직 여성으로 소피아의 삶은 성공적이었다.
운명처럼 만난 남편과 결혼했다.
두 사람의 나이 차이가 컸고
남편은 이미 자녀 세 명을 둔 상처한 남자였다.
배 아파 낳은 자식은 아니었지만
세 자녀에게 낳은 정 이상의 마음을 쏟았고
그녀의 어머니가 그랬던 것처럼
소피아도 아이들의 울타리가 되어 주었다.
다행히 아이들은 잘 자라 주었고
친엄마처럼 소피아를 사랑하고 따랐다.
시간이 갈수록 가정생활도, 결혼 생활도,
사회생활도 모두 만족스러웠다.

소피아는 매일 아침 성 조지St. George 교회에 나가
하나님 앞에 침묵 가운데 앉아 있으면
더 이상 바랄 것이 없는 만족함으로 가득했다.

'더도 말고, 덜도 말고 딱 지금 정도로
충만하고 넉넉했으면 좋겠다!'라는
생각이 들었다.

그날도 여느 때와 마찬가지로
홀로 예배당에 앉아 기도하는데
한 목소리로 평화가 깨지고 말았다.
한 번도 들어 본 적 없고
기대하지 않았던 목소리였다.
그 목소리를 귀로 들었는지,
존재로 느꼈는지 모르겠다.

"소피아!
길거리에 버려진 아이들을 돌보는
어머니가 되어라!"

그녀는 깜짝 놀라 눈을 뜨고
주위를 둘러보았지만 아무도 없었다.
고요하고 평온한 적막만이 예배당에 가득했다.
두근거리는 마음을 진정시키며
사무실로 출근했지만

낯선 목소리에 대한 두려움을 지울 수 없었다.
아침 일을 친구에게 이야기했다.

"소피아, 당신이
얼마나 힘들게 세 자녀를 키우고,
아이들을 결혼시키고,
또 가정과 교회에서 헌신적이었는지
하나님도 알고 계실 거야.
그러니 너를 결코
길거리 아이들을 돌보라고 내몰지 않을 거야.
네가 피곤해서 그런 소리가 들린 것 같은데
휴식을 취하면 어떨까?"

피곤했기 때문에
헛소리를 들은 것이라고 스스로를 다독였다.
그리고 억지로 휴식을 취해 보았지만
마음이 편하지 않았다.
눈만 감으면 아침의 그 소리가
귀에 맴도는 것 같았다.
다음날도, 그 다음날도 버려진 아이들을 위해
소피아가 필요하다는 음성이 계속 들려왔다.

"하나님, 좋습니다!
그럼 우리 집에 고아를 보내 보십시오."

다음날 아침, 전도자 한 명이
소피아의 집을 찾아와 현관문을 두들겼다.
열 살이 채 안된 두 남매를 데리고 와서
다짜고짜 맡아 달라고 부탁했다.
"저를 어떻게 알고 찾아왔습니까?"
"이 아이들의 부모가 돈 벌러 왔다가
아이들을 버리고 도망갔습니다.
아이들을 맡길 곳을 위해 기도하는데
당신 얼굴이 보였습니다.
당신이 누구인지도 모르고,
어디 사는지도 모릅니다.
그런데 얼마 전 어느 학교를 방문했다가
졸업생 사진 속에서 당신 얼굴을 발견했습니다.
그래서 학교 담당자에게 물어
이렇게 찾아왔습니다."
"일단 아이들을 두고 가십시오."
소피아는 작은 집을 얻어 아이들을 돌보기로 했다.

성공한 커리어 우먼의 삶을 포기하기 싫었다.
세 자녀를 출가시킨 후에 갖는
안정적인 삶을 놓기가 두려웠다.
충분히 만족스럽고,
부족함이 없는 자신의 삶 속에
누군가의 인생이 끼어 들어온다는 것이
부담되고 불편하게 느껴졌다.

'지금은 아닐 거야!
나는 아닐 거야!'

이 일을 할 수 없는
수십 가지 핑계거리를 생각하며
소피아는 부르심의 길 위에서
지난한 줄다리기를 시작했다.

기적이 일상이 되다
_ 소피아 2

소피아는 하나님께 모든 것을 드렸다.

아이들을 위해 자동차를 팔았고, 집을 팔았다.

부모에게 물려받은 땅을 팔았고,

마지막에는 아이들에게 먹일 쌀을 구하기 위해

결혼반지를 내다 팔았다.

소피아의 수중에는 더 이상 내다 팔 것이 없었다.

고아원 스태프인 스텔라가 와서 물었다.

"소피아, 아이들을 먹일 쌀이 떨어졌습니다.

어떻게 할까요?"

소피아는 원하지 않은 일이었지만
하나님의 부르심에 응답했다.
적당한 헌신이 아니라
자신의 모든 것을 드려 헌신했다.
그러나 현실은
자기만 바라보는 수십 명의 아이들을 먹일
쌀 한 가마니 구할 수 없었다.
"하나님 이제 그만하겠습니다.
나는 순종했고, 제 모든 것을 다 드렸습니다.
여기까지만 하렵니다."

기적적으로 고아들을 돌보며
수년을 버텼지만,
아이들의 배고픔을 해결해 주지 못하는 현실 때문에
소피아는 고아원을 닫기로 뜻을 정했다.
주변 사람들도
소피아의 결정에 대해서 지지해 주었다.

"소피아, 잘했어요.
이제 더 이상 힘들어하지 마세요.
이것은 하나님이 시킨 것이 아닙니다.

그렇다면 하나님이 공급해 주셨어야지,
더 이상 사서 고생할 필요 없어요."

고아원을 폐쇄할 뜻을 가지고 기도하던
소피아에게 하나님은 이런 응답을 주셨다.

"소피아야,
너는 지금까지 네 일을 했다.
네 일은 네가 가진 것으로,
네가 할 수 있는 능력만큼,
네가 원하는 만큼 하는 것이다.
그러나 내 일은 내가 주는 능력으로,
내가 공급하는 것으로 사는 것이다.
이제 내 일을 하지 않겠니?"

소피아는 깜짝 놀라
하나님께 따지듯이 부르짖기 시작했다.

"하나님 아이들에게 먹일 쌀이 떨어졌습니다.
뭘 먹여야 합니까?
이렇게 외진 마을에서 무슨 수로

100명의 아이를 먹일 식량을 구합니까?
이제 하나님이 응답해 보십시오.
하나님이 먹이십시오.
나는 더 이상 내다 팔 것도 없고,
쌀을 구할 능력이 되지 않습니다."

하나님 앞에 떼를 쓰듯,
때로는 울부짖으며 기도하던 소피아에게
스텔라가 밖에 손님이 찾아 왔다는
기별을 전했다.
나가 보니 읍내에 있는 결혼식장 매니저였다.

"소피아, 우리 결혼식장에서
400명의 하객이 올 줄 알고 음식을 주문했는데
300명밖에 오지 않았습니다.
100인분의 비리아니biryani*가 남았는데
고아원 아이들을 먹였으면 해서 찾아왔습니다."

한번 열린 은총의 문은 좀처럼 닫히지 않았다.

....

＊　비리아니(biryani): 인도식 볶음밥.

무엇을 먹일지 어떤 메뉴를 준비해야 할지
계획하지 않았어도
매일의 식사가 은총으로 준비되기 시작했다.

어느 날에 사무엘이 말했다.
"소피아 맘, 아이들을 먹일 쌀이 떨어졌습니다."
"그래, 기도하자!"
바닥난 쌀독을 보면서 근심하기보다는
하나님이 채우실 소망을 품고 기도하는 것이
몸에 익었다.

스태프들과 함께 15분 정도 기도했을 때,
승합차 몇 대가 고아원에 찾아왔다.
검은색 옷을 입은 20명 남짓의 사내들 가운데
리더로 보이는 남자가
"여기 뭐하는 곳이요?"라며 불량스럽게 물었다.
소피아가 버려진 고아들을 돌보는
어린이 집이라고 설명하자,
그가 소피아를 물끄러미 바라보다가
짧게 소리쳤다.
"얘들아, 여기에다 내려!"

사내들은 자신들이 타고 온 차량에서
쌀가마니를 내리기 시작했다.
수백 킬로그램의 쌀!
'아야빠'Ayyappa 라는 힌두교 신흥종교를 믿는 사내들은
힌두교 성지 순례를 떠나기 전에 착한 일을 하고,
누군가의 덕담을 듣고
길을 나서고 싶었다고 한다.
누구를 찾아갈까 고민하던 차에
동네 사람들로부터
선한 일을 하고 있는 사람이 있다는 소문을 듣고
소피아를 찾아온 것이다.

하나님의 공급하심은
기독교인, 힌두교인, 무슬림 …
종교와 종파에 제한받지 않았다.
부자나 가난한 자를 구별하지도 않았다.
배운 사람이나 못 배운 사람이나
상관이 없었다.
하나님이 주신 선한 마음과 뜻에 감동된
사람들이 도처에서 몰려와 필요에 따라
쌀과 생필품을 공급해 주기 시작했다.

한번 열린 '여호와 이레 은총의 문'은
좀처럼 닫히지 않았다.
아이들은 은총으로 살면서 굶는 일이 없었고
하나님은 생각 밖의 사람들을 통해
아이들을 먹이고 입히셨다.
이곳에서는 기적은 일상이 되었다.

여호와 이레
_ 소피아 3

늘어나는 아이들의 숫자를 확인할 때마다
소피아는 가끔 두려운 생각이 들었다.
'어서 아이들이 머물 집을 마련해야 하는데 …
어떻게 백 명이 넘는 아이가 머물 공간을
마련할 수 있을까?'

아이들이 안전하게 지낼 집을 마련하고 싶었지만
방법을 찾을 수 없었다.
매일을 투쟁하듯 기도하고
무릎과 눈물로 살아가는

소피아를 딱하게 여긴 주변 사람들은
이렇게 말했다.

"소피아, 이제 충분하지 않나요?
이제 그만하고 우리와 같이 살아요.
후원 단체도 없이 …
얼마나 버틸 수 있겠습니까?"

소피아에게 좀 더 안정되고 편안한
노년을 보내라며
주변 사람들은 계속해서
사역을 중단하라고 말렸다.
하나님은 지금까지 선하셨고
필요한 것들을 공급하셨음에도
순간순간 두려움과 떨림으로
하나님 앞에 나아가지 않을 수 없었다.

미국에 사는 사업가가
4에이커 _{약 4,900평}의 땅을 구입할 수 있도록
후원을 약속했지만 지켜지지 않았다.
기대가 컸던 만큼 절망감에 사로잡혔다.

하나님이 자신을 속였다는 생각에
소피아의 내면에
분노가 자리 잡은 적도 있었다.

계약이 만료되어 건물을 비워 줘야 하는데
100여 명의 아이를 데리고
길바닥에 나앉게 될 현실이 무섭기도 했다.
자기 혼자 몸을 빼는 것은 어렵지 않지만
이미 부모에게 버림받은 기억이 있는
100여 명의 아이가 다시 한번 버림받게 된다면
그 상처가 얼마나 클지를 알기에
섣불리 결정하기 어려웠다.
될 듯 될 듯했지만 일이 진행되지 않고,
이런저런 약속을 하는 사람은 많았지만
빈말로 끝나는 경우가 많았다.
그러나 하나님의 계획은
사람의 생각과는 전혀 달랐다.

그러던 어느 날, 영국에 있는 기독교 단체로부터
소피아 부부를 초청하고 싶다는 연락이 왔다.
모처럼 해외여행이라 마음이 들떴지만

고아들과 함께 지낼 장소를 구해야 한다는 부담이
그림자처럼 따라붙었다.
영국에서의 시간은 환대와 격려,
사랑이 가득한 시간이었다.
소피아 부부가 가는 곳마다
사람들은 함께 기도하고 교제하기를 원했다.
소피아는 사람들과의 사귐을 통해
큰 위로를 받았다.
그러나 아직 소피아와 고아원 아이들을 위한
하나님의 선물 상자는 열리지 않았다.

어느 교회에서 소피아 부부를 초대했다.
교인들을 통해 많은 격려를 받았는데
소피아를 초대한 주최 측에서
해리스_{Haris} 라는 사람이 개인적으로
소피아를 만나고 싶다는 소식을 전해 왔다.
소피아는 해리스 부부의 가정을 방문해
큰 환대를 받았고 며칠을 함께 지냈다.
소피아는 집주인 해리스 여사와
이런저런 이야기를 나누다가
어렸을 때 아버지가 스리랑카를 방문해

전도 집회를 인도했다는 이야기를 했다.

그러자 스리랑카 출신의 해리스 여사는

소피아에게 부친의 이름을 물었다.

"빅터 마니카바사감 Victor Manickavasagam 이

제 부친의 이름입니다."

"혹시 리오넬 마니카바사감 Lionel Manickavasagam 을 아세요?"

"아, 그분은 제 작은아버지입니다."

얼굴에 놀란 빛이 가득한 채

해리스 부인이 다시 물었다.

"혹시 다른 작은아버지도 있습니까?"

"예, 스티븐 마니카바사감 Stephen Manickavasagam 이라는

분이 있습니다.

그런데 오래전 연락이 끊겼고

지금은 소식이 닿지 않습니다."

해리스 부인은 놀라움과 기쁨에 어쩔 줄 몰라 하며

질문을 이어갔다.

"혹시 작은아버지가

첸나이에 땅을 가지고 있다는 것을 아세요?"

"아니요. 전혀 모릅니다."

해리스 여사는 오래 전 헤어진

소피아의 작은아버지에 대해 들려주었다.
그는 영국으로 이민 와서 크게 성공했고,
복지 법인을 만들어 첸나이 인근
간지뿌람Kanchipuram에 12,000평의 땅을 구입했다.
그리고 훗날 인도에서
고아원이나 양로원 사역을 하는 사람이 나타나면
그 땅을 무상으로 넘겨주라는
유언을 남기고 죽었다.
그래서 법인 관계자들은
지금까지 적임자를 기다리고 있었다고 한다.
이때가 바로 하나님이 소피아를
'길거리에 버려진 아이들의 어머니가 되라!'고 부르시고,
소피아는 부르심과 응답 사이에서
줄다리기하던 시기였다.

하나님은 소피아를
고아들의 어머니로 부르시기 전부터
이미 그들이 머물 장소를 준비하고 계셨다.
간지뿌람의 12,000평의 땅은
이제 소피아와 그녀의 아이들이 함께 살아가는
러브케어센터Love Care Center의 보금자리가 되었다.

여호와 이레의 하나님은
우리의 시간과 조건에 제한받지 않으신다.
하나님은 우리를 부르고
보내시기 전에 앞서 준비하시니
여호와 이레의 시간은
언제나 정확하다.

구도자란?
산스크리트어로 진리를 찾는 사람을
'사띠야르띠'Satyarthi 라 부른다.

인도 고대 지혜 전통에 따르면,
구도자를 이렇게 정의한다.*

"진리를 찾는 사람은 궁극적 자유를 찾는 사람이다.
그는 사자처럼 두려움이 없고, 코끼리처럼 위엄을 갖추었다.
황소처럼 견고하며, 사슴처럼 자세가 반듯하다.
밀림의 야수처럼 무엇에도 얽매이지 않은 자유함을 가졌고,
동료가 없어도 막힘없이 흘러가는 바람처럼 존재할 수 있으며,
태양처럼 밝게 빛나는 기운과 큰 바다처럼 고요하다.
만다라Mandara 산처럼 든든해 요동하지 않고,
차가운 달처럼 빛나는 분별력을 가졌고
삶은 다이아몬드처럼 고귀한 빛을 낸다.
대지처럼 오래 버틸 수 있는 인내와
뱀처럼 집이나 장소에 얽매이지 않으며
그리고 하늘처럼 아무것에도 의지하지 않고
홀로 존재할 줄 아는 자다."

* 인도 고대 지혜 전통의 잠언집 『사만 수담』(Saman Suttam).

이것을 그리스도인의 언어로 옮기면,
진리로 충만한 그리스도인은
두려움의 포로가 되지 않으며, 말과 삶에 품위가 있다.
심지가 굳고, 진리의 터가 든든해
이해관계를 좇아 생각이 흔들리지 않는다.
하늘의 진리를 좇아가니, 땅의 길에 얽매이지 않고,
되어지는 일 때문에 웃거나 울지 않는다.
얼굴에는 맑음과 밝음이 있고, 바다처럼 평온해 쉬 분노하지 않고,
갈멜산의 엘리야처럼 기개가 있으며
시내산처럼 든든해 하나님의 영광을 담아내고,
쉽게 요동하지 않는다.
사건과 사물을 바로 보는 통찰력을 갖추고,
구별된 삶에서 오는 기품이 있고, 인내와 오래 참음이 몸에 배었다.
육신의 정욕과 이생의 자랑에서 자유로우며
하늘과 땅을 지으신 하나님의 섭리 가운데 다니는 지혜를 가졌다.
바람을 일으키고, 이른 봄 꽃봉오리를 틔우는 하나님,
우리 위에 계신 하나님을 바라볼 줄 알고,
우리 앞에 서신 예수를 따라가고,
우리 안에 계신 성령과 함께 오늘을 사니
그는 혼자여도 외롭지 않고, 매인 것 같으나 자유로우며
홀로 있는 것 같으나 공동체 안에 있으며
십자가를 지는 것 같으나 부활의 영광을 가슴에 품은 자다.